سلسلة "الثقافة الجنسية"

تأليف وإشراف: ممدوح الشيخ

العدد الثاني 2

مختارات

1

سلسلة "الثقافة الجنسية"

تأليف وإشراف: ممدوح الشيخ

العدد الأول: مختارات 1

هذه السلسلة

هذه السلسلة مشروع طموح آمل أن تضم عدداً من الإصدارت التي تقتصر على مختارات متنوعة من مصادر ذات مصداقية حول مختلف القضايا المتصلة بالثقافة الجنسية، تليها عدة دراسات أعمل على إنجازها منذ سنوات.

والمكتبة العربية — في الحقيقة تعاني نقصاً في هذا اللون من الكتابة التي تقدم ثقافة جنسية، سنحرص بإذن الله على علميتها وتوازنها وشمولها وبساطة لغتها وتنوع القضايا التي تغطيها.

ونجاحها في أداء ما هو مستهدف من صدورها يتحقق —
ضمن عوامل أخرى — بتفاعل القراء معها نقداً وتعليقاً، فضلاً عن
أن ما يشغل بال الكاتب لا يتطابق بالضرورة مع ما يشغل بال
القاريء، وهو — أي القاريء — صاحب الحق الأول في أن يكون
المحتوى الذي نقدمه متسقاً مع اهتماماته.

وعليه .... أمل أن يصلنا "صدى" الصوت بما ترونه من
ملاحظات وتساؤلات واقتراحات. فالكتاب — أي كتاب — لا حياة
له إلا بين يدي قاريء.

ممدوح الشيخ

mmshikh@gmail.com

almahfaltv@gmail.com

mmshikh@hotmail.com

عناوين المختارات

- دراسة: الرجال يفضلون الفتيات متوسطات الحجم!

- رائحة الجسد رائحة الجسد أقوى من العطور في اجتذاب الآخر

- الرضا الجنسي.. لدى شعوب العالم 10 دراسة استطلاعية عالمية "لممارسةٍ جنسيةٍ أفضل"

- مؤتمر الصحة الجنسية: 50 % من المصريين يعانون من "الضعف" .. والمخ "العضو الجنسى رقم 1"

- خبراء: 64 % من الرجال فى مصر مصابون بالضعف الجنسى

- أكثر من نصف الأزواج في الشرق الأوسط لا يشعرون بالرضا عن حياتهم الجنسية

- "حافلة الانتصاب" لكسر الصمت حول العجز الجنسي

دراسة: الرجال يفضلون الفتيات متوسطات الحجم![1]

سيدني – الألمانية

أظهر مسح شمل 200 امرأة أن المرأة الأسترالية تريد أن تكون أخف وزناً بمعدل 15 كيلو جراماً، بينما – على النقيض – فإن الرجل الاسترالي يريد أن تظل النساء كما هن.

---

[1] بوابة الشروق المصرية – 2 يوليو 2009.

وشمل المسح أسئلة وجهها باحثون في **جامعة نيو ساوث ويلز** في سيدني لنحو 100 رجل للحكم على جاذبية 201 رسم لأشكال نسائية، وحظي الحجم المتوسط العادي، الذي يكون فيه مقاس الفستان 14، قبولاً كبيراً.

وقال عالم بيولوجيا النمو والنشوء روب بروكس : "اعتقدت أنه **ستكون هناك أنماط مختلفة ولكن كان هناك نمط واحد .. هذا النمط هو النمط العادي"**.

وتم تفضيل السيدة العادية على أنماط النساء اللاتي لهن صدر بارز ويوجد في أجسامهن ثنايا مثيرة واللاتي تظهرن في **مجلة البلاي بوي** الشهيرة ، كما تم تفضيل الرجال النحاف الذين يملأون صفحات مجلات الموضة.

وفضل الذين أعطوا إجابات على الأسئلة الشكل المتوسط على الصورة التي كانت محبوبة في عشرينيات وثلاثينات القرن الماضي. وقال الرجال إن الأشكال الأقل قبولاً كانت تلك الرسوم التي كانت لها أكتاف عريضة وخصر نحيل وأرداف صغيرة. ولم تلق أيضا أشكال جذع الإنسان

التي على شكل الكمثرى والتي كان لها أكتاف صغيرة وخصر وأرداف عريضة قبولاً.

وحاول البروفسور بروكس إجراء نفس التجرية مع النساء. ولم تكن هناك فائزة واضحة ولكن شكلاً له أكتاف عريضة وخصر وأرداف نحيلة، لا يفضله الرجال ، لقي قبولاً.

لكن هل يمكن أن يعني تحرر النساء أفهن الأن أكثر توقاً لشكل جسم يروق للنساء الأخريات وليس للرجال. وقال بروكس: **"هذه فكرة مثيرة للاهتمام .. لكن هذا الأمر ليس هو الذي هو الأساس وراء تجربتنا"**.

رائحة الجسد رائحة الجسد أقوى من العطور في اجتذاب الآخر[2]

أثبت علماء بريطانيون أن من غير المفيد دفع مبالغ كبيرة لشراء العطور، مؤكدين أن رائحة الجسد الطبيعية تلعب دوراً أساسياً في جذب الجنس الآخر، ما يشير إلى أن النساء والرجال يتبعون أنوفهم عندما يبحثون عن شريك يحمل جينات شبيهة.

وقال الباحثون في **متحف هيئة العلوم والاكتشافات** التي تتخذ من مدينة برمنغهام البريطانية مقراً لها إن الإنسان الباحث عن شريك ينجذب في الأساس إلى شخص يحمل مورثات (جينات) مماثلة ورائحة شبيهة برائحته الطبيعية.

وعليه فإن هذه الدراسة التي تستند إلى العديد من الاختبارات، تبين بشكل أو بآخر أن العالِم السويدي سيغموند فرويد كان على حق عندما قال إن الرجال والنساء ينجذبون إلى أشخاص يذكرونهم بأمهاتهم أو آبائهن أو على الأقل يشبهونهم. وقال العلماء إن النساء اللواتي طلب منهن شم رائحة قمصان قطنية، فضلن القمصان العائدة لرجال يحملون مورثات قريبة من مورثات آبائهن.

وقال مستشار الهيئة الطبيب جورج فورستر **"عندما نختار شريكاً فإننا في اللاوعي نجري تقييما لقدرته من الناحية التطورية على أن يصبح أما بمعنى رعاية الأطفال، أو أبا بمعنى تأمين الحماية"**. وأضاف أن النتائج بينت أن **"الرجال ينجذبن إلى نساء لهن رائحة أمهاتهم، كما تنجذب النساء إلى رجال لهم رائحة آبائهن"**.

11

وأشار فورستر إلى أن هذه الرؤية هي بيولوجية أو ارتقائية، فالبيئة التي نعيش فيها تقوم بتشكيل ميولنا الشخصية، **"ولكن هناك مزيداً من الأدلة التي تقول إن مورثاتنا تلعب دوراً مهما في خياراتنا"**. وعلاوة على ذلك بينت الدراسة أن الأشخاص ذوي الميول المتنافرة لا ينجذبون إلى بعضهم. وقال فورستر إن **"الناس ينجذبون إلى أشخاص يتمتعون بصفات جسدية ونفسية شبيهة بهم"**. وتساءل أخيراً **"لماذا نصرف مبالغ كبيرة لإخفاء رائحتنا الطبيعية؟!"**.

المصدر :الفرنسية

الرضا الجنسي.. لدى شعوب العالم

دراسة استطلاعية عالمية "لممارسةٍ جنسيةٍ أفضل"[3]

تُعدُّ الدراسة الاستطلاعية العالمية "لممارسةٍ جنسيةٍ أفضل" Global Better Sex Survey GBSS واحدة من أضخم الدراسات الاستطلاعية من نوعها في العالم، وقد تم إطلاقها لتحديد مفهوم

---

[3] جريدة الشرق الأوسط اللندنية – 21 سبتمبر 2006 – رقم العدد: 10159 – القاهرة: د. عبد الحفيظ خوجة.

"الرضا الجنسي" ومحاولة معرفة الاحتياجات والتطلعات الجنسية التي لم تتم تلبيتها بالنسبة إلى الزوجين.

بدأت التحضيرات الميدانية لهذه الدراسة الاستطلاعية في اكتوبر (تشرين أول) 2005 وتم الانتهاء منها في مارس 2006، وشملت الدراسة مقابلات مع 12.563 رجلاً وامرأة في 27 دولة حول العالم، هي: الكويت، الإمارات العربية المتحدة، هونغ كونغ، سويسرا، سنغافورة، كندا، الولايات المتحدة الأميركية، تايوان، لبنان، مصر، المغرب، كوريا الجنوبية، أندونيسيا، إيطاليا، المكسيك، إسبانيا، فرنسا، اليابان، أستراليا، البرازيل، جنوب أفريقيا، ماليزيا، تركيا، تايلندا، ألمانيا، المملكة المتحدة، وإسرائيل.

واجرت الدراسة شركة **هاريس إنترآكتيف** لصالح شركة "**فايزر**" للأدوية. وعمل فريقٌ من الخبراء المختصين مع "**فايزر**" في تطوير أسس الدراسة الاستطلاعية العالمية، وفي دراسة نتائجها وتحليلها بطريقة متأنية. وقد انضمَّ إلى هذا الفريق نخبةٌ من الأطباء والعلماء، كان في مقدمتهم د. روزي كنغ، وبروفسور كلاوس — بيتر.

* تحدثت إلى "**الشرق الأوسط**" الدكتورة روزي كنغ زميلة **الكلية الملكية الأسترالية للأطباء**، ـــ فرع طب الصحة الجنسية، والرئيسة السابقة **للجمعية الأسترالية للتربويين والباحثين والمعالجين الجنسيين، وهي** مؤلفةٌ وأكاديميةٌ وتربويةٌ، وباحثةٌ رئيسية في هذه الدراسة، وأوضحت أن هذه الدراسة سعت إلى استقصاء:

ما إذا كان إتمام وظيفة الانتصاب بشكل فعال من الأمور المهمة لتحقيق الرضا الجنسي للرجال والنساء على حد سواء.

وما إذا كان الرضا الجنسي مهماً لعلاقة صحية وحياة سعيدة.

وما إذا كانت هناك نسبة، ذات دلالة إحصائية، من الرجال الذين لم يتم تشخيصهم على أنهم يعانون اختلالاً في وظيفة الانتصاب، أو الذين لا يعتقدون أنهم يعانون اختلالاً في وظيفة الانتصاب، يرون أن انتصابهم ليس بالشكل الأمثل ويودون أن يتخذوا الإجراءات اللازمة لجعله في شكل أفضل.

وأكدت د. كنغ أن هذه الدراسة الاستطلاعية قد كشفت بالفعل أن نسبةً عاليةً ومهمةً من الرجال ممَّن لم يتم تشخيصهم على أنهم يعانون اختلالاً في وظيفة الانتصاب، أو ممَّن لا يعتقدون أنهم يعانون اختلالاً في وظيفة الانتصاب، يرون أن انتصابهم ليس بالشكل الأمثل ويودون أن يتخذوا الإجراءات اللازمة لجعله في شكل أفضل.

وعن الحالات التي تم تضمينها في هذه الدراسة الاستطلاعية، تقول د. كنغ إنه تم وضع معايير خاصة لها، وهي:

- أن يكون المشاركون في الفئة العمرية 25 – 74 سنة.

- أن يكون كل من الرجال والنساء الذين شاركوا في الدراسة الاستطلاعية قد مارسوا الجنس مرةً واحدةً على أقل تقدير مع الجنس الآخر خلال الاثني عشر شهراً الماضية.

أما الذين لم يحقِّقوا هذين المعيارين فقد تم استبعادهم من الدراسة الاستطلاعية المذكورة.

16

* أهمية الجنس

* من جانبه يؤكد البروفيسور كلاوس — بيتر أحد الباحثين المهمين في الدراسة الاستطلاعية العالمية "لممارسةٍ جنسيةٍ أفضل» أن الدراسة قد أثبتت أهمية القيام بالممارسة الجنسية بشكل أفضل للرجال والنساء على حدٍ سواء، حيث يرى 69 بالمائة من الرجال والنساء أن الممارسة الجنسية الجيدة ضرورية من أجل زواج أفضل وعلاقة قوية ومبنية على الحب. وأن كافة أوجه الممارسة الجنسية "**بما في ذلك الجماع، وما قبل الجِماع، وهِزَّة الجماع، والجاذبية نحو الطرف الآخر، وغيرها**" هي من الأمور الضرورية للرجال والنساء على حدٍ سواء.

* الرضا وعدم الرضا

○ تشير إحدى أهم نتائج الدراسة الاستطلاعية العالمية "لممارسةٍ جنسيةٍ أفضل" إلى أن خمسين بالمائة من الأزواج في العالم

17

غير راضين بشكل كامل عن حياتهم الجنسية.

○ ووفقاً للدراسة الاستطلاعية، فإن المكسيكيين يُعدُّون الأكثر رضا في العالم عن حياتهم الجنسية "75 بالمائة من المكسيكيين راضون تماماً عن حياتهم الجنسية".

○ وبالإضافة إلى ما سبق، فقد كشفت الدراسة الاستطلاعية العالمية لممارسة جنسية أفضل أن وتيرة الممارسة الجنسية تبلغ 6.4 مرة أو جلسة شهرياً.

○ في المتوسط، يمارس الرجال الجنس 6.56 مرةً شهرياً.

○ في المتوسط، تمارس النساء الجنس 6.38 مرةً شهرياً.

- ○ ووفقاً للدراسة نفسها، ليس هناك من صلةٍ واضحةٍ بين الرضا جنسياً ووتيرة الممارسة الجنسية.

- ○ وعلى سبيل المثال، فإن الرجال في الولايات المتحدة الأميركية والمملكة المتحدة يمارسون الجنس بوتيرةٍ متشابهةٍ، ولكن في حين أن الرجال في الولايات المتحدة الأميركية راضون عن حياتهم الجنسية بنسبة 53 بالمائة، فإن الرجال في المملكة المتحدة راضون بنسبة متدنية لا تتجاوز 38 بالمائة.

- ○ وانطلاقاً من دراسةٍ تحليلية للبيانات، فإن هناك فروقاً واضحةً بين الدول فيما يتعلق بوتيرة الممارسة الجنسية. النتائج المُبينة أدناه هي للرجال والنساء على حدٍّ سواء:

  - ○ فرنسا: 7.7 مرةً شهرياً.

  - ○ ألمانيا: 6.45 مرةً شهرياً.

- المملكة المتحدة: 6.4 مرةً شهرياً.
- الولايات المتحدة الأميركية: 6.4 مرةً شهرياً.
- إسبانيا: 6.05 مرةً شهرياً.
- إيطاليا: 5.75 مرةً شهرياً.
- على وجه التقريب، فإن ثلث الرجال والنساء "33 بالمائة" يشيرون إلى أنهم يمارسون الجنس بمعدَّل أقل مما يجب.
- 39 بالمائة من الرجال و27 بالمائة من النساء يقولون إنهم يمارسون الجنس أقل مما يجب.

<u>* جنس أفضل</u>

- إن انتصاب قضيب الرجل والإبقاء على الانتصاب من الأمور المهمة والحاسمة في الحياة الجنسية الجيدة وفقاً لما يراه الرجال والنساء على حدٍّ سواء، وهو من الأمور المهمة والحاسمة أيضاً من أجل علاقة جيدة بين الطرفين.
- وفقاً للدراسة الاستطلاعية العالمية لممارسة جنسية أفضل، فإن صلابة الانتصاب من الأمور التي لا تقل أهميةً عن الوصول إلى الانتصاب والمحافظة عليه، وهذه الأمور مجتمعةً تعزز التجربة الجنسية.
- أقل من ثلثي الرجال قالوا إنهم يصلون إلى مرحلة الانتصاب ويحافظون على انتصاب كافٍ للممارسة الجنسية.

- ○ 45 % من الرجال قالوا إنهم ليس في وسعهم أن يصلوا إلى مرحلة الانتصاب والمحافظة عليه على الدوام.

- ○ 44 % من الرجال لم يكونوا واثقين تماماً أن في وسعهم أن يصلوا إلى مرحلة الانتصاب إذا ما أرادوا ذلك.

- ○ 43 % من الرجال فقط كانوا راضين تماماً عن صلابة الانتصاب.

- ○ بالنسبة إلى الرجال والنساء على حدٍّ سواء، فإن هناك علاقة وثيقة بين صلابة الانتصاب ورضاهم عن الحياة الجنسية. وقد تأكد ذلك أكثر فأكثر من خلال دراسة جديدة تم تقديمها أمام الجمعية الأوروبية للمسالك البولية التي تستخدم وسيلةً غير مسبوقة هي: استبيان صلابة الانتصاب 3، إذ توصلت الدراسة المذكورة إلى علاقة قوية

22

بين الرضا عن صلابة الانتصاب واحترام الذات والثقة بالنفس والرضا عن الحياة الجنسية بأكملها.

○ قوَّمت الدراسة المبنية على استبيان صلابة الانتصاب والمقدَّمة أمام الجمعية الأوروبية للمسالك البولية التغيرات في نوعية الانتصاب بعد معالجة الرجال الذين يعانون من درجات متفاوتة من اختلال وظيفة الانتصاب خلال فترة أربعة أسابيع.

○ الرجال الذين خضعوا للمعالجة حققوا تحسناً مقداره ثلاثة أضعاف غيرهم فيما يتعلق بالرضا عن انتصابهم، الأمر الذي أدى إلى تحسن رضاهم عن حياتهم الجنسية ككل.

○ وأظهرت الدراسة الاستطلاعية العالمية لممارسة جنسية أفضل أن 25 بالمائة من

الرجال مهتمون إلى أبعد الحدود بالارتقاء بأدائهم أثناء الممارسة الجنسية، فيما أبدى 62 بالمائة من الرجال رغبة في الارتقاء بأدائهم أثناء الممارسة الجنسية. كما تمكن نحو 75 بالمائة من الرجال والنساء من الارتقاء بممارستهم الجنسية بعد معالجة خلل وظيفة الانتصاب عند الرجال.

<u>* حقائق حول اختلال وظيفة الانتصاب عند الرجال</u>

* يعرف الدكتور خالد دعبيس، رئيس المؤتمر الدولي الثاني عشر للجمعية العالمية للطب الجنسي وأستاذ المسالك البولية ورئيس الجمعية الإفريقية الخليجية للطب الجنسي، ونائب رئيس الجمعية العالمية لاختصاصيي الجراحة التناسلية، ورئيس الجمعية المصرية للطب الجنسي، ورئيس الجمعية الإفريقية للبحث العلمي والتكنولوجيا، "اختلال وظيفة الانتصاب عند الرجل» بأنه حالة يعرِّفها الأطباء على أنها عدم القدرة على

انتصاب القضيب و/أو المحافظة على الانتصاب وبما يكفي لإتمام الممارسة الجنسية بطريقة مُرضية.وهي أكثر شيوعاً أو انتشاراً مع التقدم في السِّن، وقد تكون ملازمةً أو مصاحبةً لمجموعة واسعة من الأمراض مثل داء السكري، وارتفاع الضغط، وفرط شحميّات الدم، وأمراض القلب والأوعية الدموية، والاكتئاب وغيرها. وقد يصاب الرجال باختلال وظيفة الانتصاب أيضاً نتيجةً لمعالجة دوائية معينة، أو المعالجة الإشعاعية في منطقة الحوض أو الجراحة.

وهذه الحالة تصيب نصف الرجال الذين تبلغ أعمارهم 40 عاماً فأكثر. وتشير التقديرات إلى أن عدد الرجال الذين سيصابون باختلال وظيفة الانتصاب، مع تقدم سِنّ سكان العالم عاماً بعد آخر، سيزداد بنسبة 111 % مع حلول عام 2025.واليوم، تُعدُّ حالة اختلال وظيفة الانتصاب حالةً مَرَضيةً تتعلق بالزوجين معاً، حيث إن تبعاتِها وآثارها تعود على الزوجين بالقدر نفسه.

إن اختلال عملية الممارسة الجنسية وعدم إتمامها بطريقة مُرْضية، من شأنه أن يؤثر سلباً في نوعية حياة الطرفين، كما أن ذلك يرتبط ارتباطاً وثيقاً بالقلق وفقدان احترام الرجل لذاته. كم ان معالجة اختلال وظيفة الانتصاب

بطريقة ناجحة وناجعة من شأنها أن تحقّق ممارسةً جنسيةً أفضل، وحياة أفضل في المُجمل.

وفي ظل توافر عقاقير دوائية فعالة تؤخذ عن طريق الفم لمعالجة اختلال وظيفة الانتصاب عند الرجال، فإن أعداداً متزايدةً من الرجال تسعى إلى الحصول على هذا العلاج .

إن مُثبطات الإنزيم PDE-5 هي فئةٌ من العقاقير الفعالة في الأوعية التي تم تطويرها خصيصاً لمعالجة اختلال وظيفة الانتصاب عند الرجال. وهي تعمل من خلال تثبيط الإنزيم PDE-5 بشكل فعال وهو ما ينجم عنه زيادةٌ في كمية مادة cGMP وارتخاء العضلات بسلاسة في قضيب الرجل.

حقائق علمية "صادمة" عن الجنس لدى النساء[4]

نيويورك، الولايات المتحدة الأمريكية (**CNN**)

---

[4] موقع سي إن إن العربي – 11 أكتوبر 2013 – نقلاً عن جريدة الديار اللبنانية – الرابط:

https://www.addiyar.com/article/1174189-
%D8%AD%D9%82%D8%A7%D8%A6%D9%82-
%D8%B9%D9%84%D9%85%D9%8A%D8%A9-
%D8%B5%D8%A7%D8%AF%D9%85%D8%A9-
%D8%B9%D9%86-
%D8%A7%D9%84%D8%AC%D9%86%D8%B3-
%D9%84%D8%AF%D9%89-
%D8%A7%D9%84%D9%86%D8%B3%D8%A7%D8%A1

أشار تقرير صدر مؤخراً إلى عدد من الحقائق العلمية "غير المألوفة" لعالم الجنس عند النساء، وهنا نقدم لكم بعضاً من هذه الحقائق بحسب ما جاء في تقرير نشر على مجلة تايم الأمريكية، الشقيقة لـCNN.

○ خصوبة النساء تتأثر بالضوء المحيط، حيث كانت النساء تفرز البويضات في الأوقات الأشد ظلمة، كالليالي غير المقمرة، والآن الكثير منهن يتأثرن بإضاءة التلفاز خصوصاً في غرف النوم.

○ النساء يمكن أن يحملن في مدة تصل بين خمسة إلى ثمانية أيام من ممارستهن للجنس.

○ انتعال الكعب العالي يؤثر سلبياً في نشوة النساء الجنسية، حيث إن بعض أنواع الأحذية تؤذي عصباً بجسد المرأة ينعكس على قدرتها بالشعور بالنشوة.

- حبوب منع الحمل تكبح جماح الرغبة الجنسية لدى النساء.

- جلوس النساء على بعض أنواع المقاعد قد يثيرها جنسياً، ويعتمد ذلك على نوع المادة المصنوع منها الكرسي وطريقة الجلوس عليه، حيث يمكن لجلوس معين أن يضغط على عصب الفرج بطريقة قد تصبح مثيرة.

- هناك ثلاث مناطق تثير الشهوة عند النساء وهي: عنق الرحم والبظر ونقطة "جي" ويضم البعض حلمات الثدي لهذه النقاط.

- موقع الأعصاب بالعضو التناسلي يختلف من امرأة لأخرى، وعليه فإن كل امرأة لديها طريقه مختلفة لتفعيلها والوصول إلى الذروة الجنسية.

- النبض في العضو التناسلي للمرأة بعد الوصول إلى الذروة الجنسية هو عبارة عن محاولة العضو جمع الحيوانات المنوية.
- شرب المياه بكثرة يساعد على الحصول على ذروة جنسية أفضل عند النساء.
- فكرة أن هناك بعض النساء لا يستطعن الوصول إلى الذروة الجنسية هي فكرة خاطئة.

مؤتمر الصحة الجنسية: 50 % من المصريين يعانون من "الضعف" .. والمخ "العضو الجنسى رقم 1"[5]

هناك علاقة تبادلية بين التوتر النفسى وفشل العلاقة الجنسية .. والاكتئاب يؤدى إلى فقدان الرغبة

العجز الجنسى مشكلة خطيرة يعانى منها الكثيرون و لم تعد مشكلة كبار السن فحسب، ولكنها أصبحت تتوغل أيضاً فى قطاع الشباب وخاصة فى أول زواجهم وفى شهر العسل، ولهذه المشكلة أسباب عديدة إما عضوية أو نفسية مثل الشعور بالقلق والاكتئاب والتوتر، هذا ما أكده مجموعة من

---

[5] جريدة الوطن المصرية — تقرير: نورهان السبحى — 17 أكتوبر — 2013.

الخبراء فى مجال الصحة الجنسية والطب النفسى أثناء انعقاد المؤتمر الصحفى **للجمعية العربية للصحة الجنسية.**

د. طارق أنيس: واحد من كل خمسة رجال يعانى من ضعف الانتصاب على مستوى العالم وركز المؤتمر على الجانب النفسى وتأثيره السلبى على الرغبة الجنسية والقدرة على الانتصاب، يقول أ. د. سعيد عبد العظيم، أستاذ الطب النفسى، **كلية طب قصر العينى، جامعة القاهرة،** إن نسبة المصابين بالاكتئاب فى مصر عالية جداً فوصلت إلى ٢٠ ٪،، والاكتئاب يؤثر سلبا على الأداء الجنسى، حيث إنه يمكن أن يعوق إتمام العملية الجنسية كلها، فهناك ٢٠ ٪ من حالات عدم الرغبة الجنسية تنتج من الشعور بالقلق، وقد وصلت نسبة العجز الجنسى فى مصر إلى أكثر من 50 ٪.

ويوضح عبد العظيم العلاقة التبادلية بين التوتر النفسى وفشل العلاقة الجنسية، فيقول إن المخ هو المتحكم الرئيس والجانب المسيطر فى العلاقة الجنسية، فإذا شعر الرجل بالقلق الشديد فلا يستطيع التحكم فى نفسه ومن ثم يفقد القدرة نهائياً على الانتصاب وتكرار ذلك يسبب له

32

الإحباط، وبالتالى يخاف من الممارسة الجنسية بأكملها وذلك خوفا من الفشل.

ويضيف عبد العظيم أنه توجد عوامل نفسية تسبب الخوف والقلق، وهناك أيضاً الموروثات الثقافية الخاطئة والأفكار البالية التى تحرم وجود ثقافة جنسية وخاصة لدى الفتيات اللاتى ينشأن على فكرة أن الجنس شىء معيب ثم تفاجأ الفتاة بأنها ستتزوج وتقوم بممارسة الجنس دون وعى على الإطلاق بماهية العلاقة الجنسية، ومن ثم تشعر بالخوف الشديد من زوجها وتعانى مما يسمى بالانقباض المهبلى، وهو عبارة عن انقباض أو تشنج لا إرادى متكرر فى عضلات المهبل يعوق الرجل عن إتمام العملية الجنسية.

العقاقير الطبية من أهم الوسائل الفعالة لعلاج الضعف

وعن ضعف الانتصاب، يقول أ. د. طارق أنيس، أستاذ أمراض الذكورة ورئيس الجمعية العربية للصحة الجنسية، إن ضعف الانتصاب عرض مرضى ويتمثل فى عدم القدرة بصورة مستمرة على الانتصاب أو عدم القدرة على المحافظة عليه بشكل مُرضٍ أثناء الممارسة الجنسية.

33

ويوضح أنيس أن حوالى واحد من كل خمسة رجال يعانى من ضعف الانتصاب، حيث تقدر المعدلات العالمية الخاصة باضطرابات الانتصاب بين الرجال فى كل الأعمار 18.6 %، بينما تصل نسبة ضعف الانتصاب بين الرجال فوق سن الأربعين إلى 52 %.

وعن أحدث الطرق العلاجية للضعف الجنسى، يقول أنيس إن عقار "**الفياجرا**" هو أحد الوسائل العلاجية الفعالة للضعف الجنسى، وعقار "**الفياجرا**" الحديث هو بتركيز 100 ملجم، وهو أفضل بكثير من العقار ذى التركيز 50 ملجم، وذلك لأن جرعة 100 ملجم تساعد فى علاج حالات ضعف الانتصاب الشديد التى يصعب علاجها فى الرجال المتقدمين فى السن أو مرضى السكر أو الرجال الذين قاموا بإزالة أورام البروستاتا.

وفى هذا السياق يقول لـ "**الوطن**" د. إمانويل جانينى، بروفيسور الصحة الجنسية والغدد، **جامعة لاكيلا** بإيطاليا، إن جرعة الـ 100 ملجم أفضل بكثير، وذلك لأن نتائجها فعالة عن جرعة الـ 50 ملجم وخاصة فى الحالات الصعبة التى لا يفيدها الجرعة الصغيرة، ويجب أن تأخذ قرصين

وبالتالى فالجرعة الكبيرة توفر تناول المزيد من الأقراص حيث سيتناول المريض قرص الـ 100 ملجم فقط.

وأكد جانينى أن العقار آمن وفعال وله فوائد صحية للمرضى الذين يعانون من أمراض القلب والسكر، كما أثبتت الدراسات أن الرجل الذى يتعاطى "الفياجرا" تتحسن حالته الصحية بشكل عام ويؤثر إيجابياً على صحة زوجته، ولكن يجب تناوله واختيار جرعته من خلال استشارة الطبيب.

وعن إمكانية تحسين الصحة الجنسية فى مصر، يوضح جانينى، أنه من أجل الحصول على صحة جنسية أفضل يجب أن يتم الابتعاد عن السمنة وعدم تناول الطعام الدسم ليلاً وممارسة الرياضة والتوقف عن التدخين، وذلك لأن النظام الحياتى السليم يؤدى إلى صحة جنسية أفضل.

وأجمع الخبراء على ضرورة الوعى بالصحة الجنسية والتخلص من الموروثات السلبية فى المجتمع المصرى التى تؤدى إلى الجهل التام بالأمور الجنسية، وأكدوا أن الضعف الجنسى سواء نتيجة مشاكل عضوية أو نفسية يمكن علاجه من خلال عقاقير عديدة، وتعد "الفياجرا" أكثرها فاعلية لأنها

35

تؤدى إلى تنشيط القدرة الجنسية للرجال وتساعدهم على الانتصاب،
وأوضحوا أن تناول المنشطات بانتظام مثل الفياجرا له فوائد صحية عديدة
مثل أنه يحسن من وظائف الدورة الدموية كما يحسن من أداء الجهاز البولى.

خبراء: 64 %⁰ من الرجال فى مصر مصابون بالضعف الجنسى(6)

كتب: محمد الخولي

أكدت مجموعة من الخبراء والمتخصصين فى أمراض الذكورة أن نسبة الضعف الجنسى بين المصريين ارتفعت إلى 64 % بين الرجال، فى الفئة العمرية مابين 35 و70 عاماً، كما حذروا من خطورتها نظراً لما يصاحب الضعف الجنسى من أمراض مزمنة، خاصة بعد سن الــ 40، وعالمياً أوضح الخبراء أن 150 مليون رجل يعانون من الضعف الجنسى،

---

[6] جريدة المصري اليوم – 23 يناير 2011 – تقرير: محمد الخولي.

منهم 50 % تتراوح أعمارهم بين 40 – 70 عاماً، ومن المتوقع أن يرتفع العدد إلى 322 مليوناً بحلول عام 2025، جاء ذلك خلال المؤتمر الذى انعقد يوم الخميس الماضى فى القاهرة، تحت عنوان: "**أسباب الضعف الجنسى وآثاره على الإنسان**".

وأكد الدكتور سامى حنفى، أستاذ أمراض الذكورة بكلية الطب جامعة بنها، رئيس **الجمعية المصرية لأمراض الذكورة**، أن الضعف الجنسى أحد الأسباب المهمة لكثير من المشاكل الزوجية، والتى عادة لا يبوح بها الزوجان، وقد تؤدى إلى الانفصال فى كثير من الأحيان، حيث تكون الأسباب المعلنة أسباباً واهية، لا تؤدى فى الأحوال العادية إلى الانفصال.

وشرح د. حنفى مفهوم الضعف الجنسى قائلاً: "**هو عدم قدرة الرجل على الانتصاب بالقوة الكافية، وللمدة الكافية، لإتمام العلاقة الزوجية، وهو مرض شائع الانتشار، ليس فى مصر وحدها، ولكن فى العالم كله، ففى الولايات المتحدة الأمريكية يعانى أكثر من ثلاثين مليوناً من الضعف الجنسى**".

وأوضح د. حنفى أن من أسباب الضعف الجنسى، ارتفاع ضغط الدم، وأن حوالى 50 % من المرضى لديهم ارتفاع فى نسبة "الكوليسترول" فى الدم، كما أن 80 % من مرضى الفشل الكلوى لديهم مشكلة الضعف الجنسى، وأن 50 % من مرضى السكر يعانون أيضا من ضعف الانتصاب، مؤكداً أن ضبط نسبة السكر فى الجسم يساعد على تخطى مشاكل الضعف الجنسى.

وشدد د. حنفى على أن هناك بعض الأدوية تؤدى لحدوث ضعف الانتصاب، منها الأدوية المستخدمة فى علاج الحالات النفسية المختلفة، مثل المهدئات الرئيسية والثانوية، ومضادات القلق والاكتئاب، ومضادات الضغط المرتفع، وبعض مضادات الحساسية.

وأكد **رئيس جمعية الذكورة** أن التدخين من الأسباب الرئيسة المسببة للضعف الجنسى، مشيراً إلى أنه يسبب انقباضاً بالأوعية الدموية الصغيرة، وارتفاع الضغط، وتصلب الشرايين، وحذر من تناول المخدرات والكوكايين والماريجوانا والخمور، لأنها من الأسباب الرئيسية لحدوث العجز الجنسى.

39

وأوضح د. حنفى أن هناك حلولاً لتخطى مشكلة الضعف الجنسى، منها الذهاب للطبيب المختص لإجراء الفحص الدقيق لكل أجزاء الجسم، خاصة ما يتعلق بالصفات الجنسية الثانوية، والنبض بالأطراف، وبعض الفحوصات المتخصصة. وأشار إلى وجود حلول لمشكلة الضعف الجنسى، الناتج عن الأمراض المزمنة، منبهاً بضرورة الحفاظ على الحالة المرضية، حتى لا تحدث مضاعفات، مؤكداً أن هناك طرقاً علاجية جديدة تساعد على توسعة الأوعية الدموية، منها ما يتم حقنه، ومنها ما يتناوله المريض عن طريق الفم.

كما أشار د. حنفى إلى وجود بعض الأدوية الجديدة، التى يتناولها المريض فى حالات مرض السكر، وارتفاع ضغط الدم، والفشل الكلوى، تساعد على النشاط الجنسى، كما توجد بعض الوسائل والأجهزة المساعدة الأخرى، التى تساعد على تقليل نسبة الضعف الجنسى.

وأكد د. حنفى أن هناك طرقاً علاجية جراحية، يستخدمها الطبيب لربط الأوردة، وإعادة تسليك الأوعية الدموية، لضمان تدفق الدم بالأعضاء الطرفية، لتخطى مشكلة ضعف الانتصاب.

وأوضح المتخصصون الآثار النفسية التي تصيب مرضى الضعف الجنسي، وقال الدكتور حسني عوض، أستاذ أمراض الذكورة بكلية الطب جامعة القاهرة: "ضعف الانتصاب هو إشارة لوجود حالة مرضية، تحتم على صاحبها الكشف لدى طبيب، لأنه إذا كان المريض لديه مشاكل بالأوعية الدموية، فعرضه للإصابة بذبحة صدرية خلال 6 أشهر إلى سنتين". وأضاف: "من الآثار النفسية التي يتعرض لها المريض، حدوث حالة اكتئاب، وفقدان لتقدير الذات، وزيادة التوتر في وجود الشريك، وتجنب التقارب الجسدي، وضعف في أداء العمل، وبالتالي ينسحب المريض من العلاقات الاجتماعية".

وأكد د. عوض أن في مصر حوالى 64 % من الرجال مصابون بضعف جنسي، وتتراوح أعمارهم ما بين 35 و70 عاماً، وأشار إلى أن التشخيص السليم لأسباب المرض، يبدأ من قبل الطبيب، بمعرفة التاريخ المرضى بدقة، وإعطاء المريض الفرصة لسرد أدق تفاصيل حياته، لأنه يساعد بشكل رئيسى على اكتشاف الأسباب النفسية وغير النفسية، ثم يقوم الطبيب بفحص عام، يليه فحص موضعى للمريض، ثم إجراء بعض

41

الفحوصات المتعلقة بأمراض السكر، وضغط الدم، ونسبة الدهون، وهرمون الذكورة.

ويقدم د. أقسم ياسين، أستاذ المسالك البولية والأمراض التناسلية، فى **مستشفى سيجبير جير كلينيكن الألمانية**، بمجموعة من النصائح لتلافى حدوث مشاكل الضعف الجنسى، ويقول: **"لابد من التوقف الفورى عن التدخين، فقد أثبتت الأبحاث أن التدخين سبب رئيسى لحدوث الضعف الجنسى، ودخان السجائر يسبب ضيق الأوعية الدموية الموجودة فى العضو الذكرى، وتؤكد الأبحاث أن تدخين عشرين سيجارة يومياً، يؤدى إلى زيادة احتمالات حدوث الضعف الجنسى، لأكثر من 60 %، ويجب التوقف عن تناول المخدرات والكحوليات لأنها تسبب العجز الجنسى"**.

ويضيف: **"يجب عدم الإفراط فى الطعام، خاصة الوجبات السريعة، التى تؤدى إلى السمنة، وأثبتت الأبحاث أن أهم أسباب الضعف الجنسى الزيادة فى نسبة الدهون بالجسم"**.

وينصح د. أقسم بتنظيم ضغط الدم المرتفع لمرضى الضغط المزمن، وأوضح أن من أسباب الضعف الجنسى أمراض ضغط الدم المرتفع، وما

يصاحبها من تصلب فى الشرايين، وصعوبة فى وصول الدم إلى جميع مناطق الجسم.

كما ينصح بضبط نسبة السكر فى الجسم، لأن إهماله يؤدى إلى حدوث التهابات فى الأعصاب الطرفية المغذية للعضو الذكرى، وتصلب فى الشرايين الطرفية.

ويحذر من تناول المنشطات الجنسية غير الموثوق فيها، أو تناول أى نوع آخر، دون إشراف الطبيب، لأن بعضها قد يضر بالمريض، لعدم جودتها، والبعض الآخر قد يحتوى على جرعات عالية من المادة الفعالة، تؤدى لحدوث آثار جانبية لمن يتناولها.

أكثر من نصف الأزواج في الشرق الأوسط لا يشعرون بالرضا عن حياتهم الجنسية[7]

[7] جريدة الغد الأردنية – 26 سبتمبر 2006 – الرابط:

http://www.alghad.com/articles/756892-
%D8%A3%D9%83%D8%AB%D8%B1-%D9%85%D9%86-
%D9%86%D8%B5%D9%81-
%D8%A7%D9%84%D8%A3%D8%B2%D9%88%D8%A7%D8
%AC-%D9%81%D9%8A-
%D8%A7%D9%84%D8%B4%D8%B1%D9%82-
%D8%A7%D9%84%D8%A3%D9%88%D8%B3%D8%B7-
%D9%84%D8%A7-
%D9%8A%D8%B4%D8%B9%D8%B1%D9%88%D9%86-
%D8%A8%D8%A7%D9%84%D8%B1%D8%B6%D8%A7-
%D8%B9%D9%86-
%D8%AD%D9%8A%D8%A7%D8%AA%D9%87%D9%85-
%D8%A7%D9%84%D8%AC%D9%86%D8%B3%D9%8A%D8
%A9

حنان الكسواني – القاهرة

كشف خبراء عالميون أن أكثر من نصف الرجال والنساء في العالم لا يشعرون بالرضا التام عن علاقتهم الزوجية. مؤكدين **"قابليتهم لتلقي العلاج بالعقاقير او بالتقنيات العلمية الحديثة"**.

وتضمن المسح العالمي لحياة جنسية أفضل (GBSS) (مقابلات شخصية مع 120563 من الرجال والنساء في 27 دولة حول العالم بما فيها منطقة الشرق الأوسط .

ويهدف هذا المسح العالمي لقياس درجة الرضا بالحياة الجنسية مع اكتساب المعرفة حول الاحتياجات والرغبات الجنسية التي لا يتم تلبيتها لدى الأزواج، لتطويرالادوية العالمية للضعف الجنسي أو استخدام والعلاجات الناجعة سواء الجينية أو استخدام الخلايا الجذعية أو طريقة الناتوتكنولوجي (طريقة علمية معقدة لتحسين الكفاءة الجنسية لدى الرجال).

واعتبر **رئيس الجمعية الإفريقية الخليجية للطب الجنسي** الدكتور خالد دعبيس أن المسح العالمي لحياة جنسية أفضل مؤشر لقياس مستوى

45

الرضا الجنسي للأزواج في مختلف أنحاء العالم، مشيراً إلى أن "التقدم العلمي يساعد في تحسين العلاقة الزوجية بينهم".

وكشف المسح بحسب دعييس أن "واحداً من كل رجلين لا يشعر بالرضا الجنسي التام"، وأن "واحداً من كل أربعة من الذين لا يشعرون بالرضا يرغب في تحسين حياته الجنسية".

وأضاف دعييس لـ "الغد" وبناءً على نتائج المسح العالمي لحياة جنسية، فإن هناك علاقة متبادلة واضحة بين كفاءة العضو الذكري والأداء الجنسي، موضحاً أن بعض الرجال الذين لا يمكن تصنيفهم كمصابين بالعجز الجنسي يعانون من انتصاب غير مثالي؟ يعوقهم عن ممارسة الحياة الجنسية برضا كامل.

واختتم أعمال المؤتمر الدولي الثاني عشر للجمعية العالمية للصحة الجنسية في القاهرة أخيراً والذي تم خلاله الاعلان عن نتائج المسح العالمي لحياة جنسية أفضل ((Global Better Sex Survey – GBSS برعاية شركة فايزر الأميركية المتخصصة بإنتاج أدوية الضعف الجنسي.

كما كشفت إحدى النتائج الأساسية في المسح العالمي أن واحداً من كل زوجين وزوجتين لا يشعر بالرضا التام عن حياته الجنسية. حيث أشارت الدراسة إلى أن 62 %من الرجال مهتمون بتحسين علاقتهم الزوجية.

وأكدت النتائج أنه لا يوجد علاقة واضحة بين الرضا الجنسي وتكرار العلاقة الزوجية، مشيرة إلى أن الرجال في الولايات المتحدة الأميركية وفي انكلترا أظهروا تشابهاً في تكرار العلاقة الزوجية، بينما أظهرت النتائج أن 53 %من الرجال في الولايات المتحدة الأميركية يشعرون بالرضا الجنسي مقابل 38 % في انكلترا.

كما أن 33 %من الأشخاص الذين شملهم المسح قالوا إن حاجتهم الجنسية لا تلبى بشكل كامل، مشيرة الى ان المكسيكيين احتلوا المرتبة الأولى من حيث الرضا الجنسي (75 % من الذين شملهم المسح يشعرون بالرضا التام).

ومن جانبها، قالت الدكتورة روزي كنغ؟ أحد أبرز اختصاصيي العلاج الجنسي في أستراليا، وإحدى الخبراء المستشارين في مشروع **المسح**

العالمي لحياة جنسية أفضل: "يعد المسح العالمي لحياة جنسية أفضل في غاية الأهمية لأنه يكشف؟ وللمرة الأولى؟ عن مدى تدني مستوى الرضا الجنسي الذي يشعر به الأزواج حول العالم".

وتعتقد د.كنغ بوجود علاقة واضحة بين نتائج المسح العالمي لحياة جنسية أفضل والدراسات السريرية الجديدة، والتي تشير إلى أن **"نقص الرضا الجنسي التام لدى بعض الرجال قد تسببه عوامل عضوية أكثر من كونها عوامل نفسية"**.

وترى د.كنغ أنه بالتغلب على هذه العوامل الجسدية، يمكن مساعدة الأزواج على تحقيق قدر أكبر من الرضا الجنسي.

وقال د. جون مولهال البروفيسور المشارك في قسم المسالك البولية لدى كلية وايل الطبية بجامعة كورنيل ومدير برنامج الصحة الجنسية في مركز سلون/ كيترينغ لعلاج السرطان "يشير المسح العالمي لحياة جنسية أفضل إلى وجود علاقة متبادلة وواضحة بين قوة الانتصاب والرضا الجنسي، وتبدو هذه النتائج متوافقة مع ما يشير إليه العلم؟ وهو أن الانتصاب الأقوى يؤدي إلى رضا جنسي أكبر".

"حافلة الانتصاب" لكسر الصمت حول العجز الجنسي[8]

تقرير: سباستيان غوتليب

إذاعة هولندا العالمية

يعاني نحو 800 ألف من الذكور في هولندا من مشاكل الانتصاب. عدد قليل منهم فقط يطلب العون من الطبيب. الاعتراف بالمشاكل الجنسية يبقى من المحرمات الكبرى في معظم الثقافات، ولذلك تريد شركات صناعة

---

[8] موقع إذاعة هولندا العالمية — تقرير — 23 يونيو — 2010.

الأدوية كسر الإحساس بالعار عن طريق استخدام حافلة تسمى حافلة الانتصاب.

تجوب "**حافلة الانتصاب**' هولندا والبرتغال وأسبانيا وإيطاليا وفرنسا لتقديم النصيحة للأشخاص الذين لديهم أسئلة حول أدائهم الجنسي. في الساحة الكبيرة في مدينة سيتارد الهولندية، لم يكن هناك قدر كبير من الاهتمام بحافلة الانتصاب. "**في البرتغال كان الأمر مخالفاً، هناك تقاطر الناس وكان عليهم الوقوف في الطابور انتظارا للحافلة**"، تقول المتخصصة في علم الجنس سلمى فان ديست، دون أن تقدم تفسيراً.

شك ذاتي

قد يكون الأمر راجعاً لارتفاع كلفة الرعاية الصحية في البرتغال. والمعلومات التي تقدمها حافلة الانتصاب هي في النهاية مجانية، أضف إلى ذلك أن مشاكل الانتصاب قد تكون لها عواقب اجتماعية ونفسية، تضيف فان ديست: "**معظم الرجال يعانون أيضا من مشاكل في إطار العلاقة الزوجية. إنهم يفتقرون لشيء من الحميمية في علاقاتهم، وغالبا ما تسمع**

51

الأزواج يشتكون. وهذا أيضا يؤثر على الصورة الذاتية للرجل. من يعاني من مشاكل الانتصاب، يتسرب الشك إلى شخصيته التي تصبح مهزوزة. وبالتالي يؤثر ذلك على أدائهم في العمل".

شكوك تساور كثيرين من تجمعوا حول حافلة الانتصاب في الساحة الكبيرة في مدينة سيتارت. **"لن أدخل هذه الحافلة أبدا، وبالتأكيد لا أريد أن يشاهدني رواد المقاهي في الساحة هنا"**، يقول أحدهم. ويقول آخر إنه يفضل مائة مرة الذهاب إلى الطبيب حيث لا يراه أحد، من أن يقصد هذه الحافلة.

كبار السن

ما أثار استغراب فان لار، طبيب المسالك البولية، وفان ديست هو مشاهدة شاب وشابة يقصدان معاً الحافلة. إذ من النادر أن يعترف الشباب بمشاكلهم الجنسية. معظم زوار **"حافلة الانتصاب'** هم من ذوي الأعمار المتوسطة أو كبار السن من الرجال. الشاب أكد أن

حياته الجنسية لا تعرف النجاح المطلوب. "مارسنا الجنس في المرة الأولى وبعد ذلك سارت الأمور على غير ما يرام. كان الأمر صعباً بالنسبة إلي ولها أيضاً. وهذا طرح علينا أسئلة كثيرة. لا تربطنا علاقة جنسية حقيقية يمكن أن تؤدي إلى نهاية لطيفة. الانتصاب يحدث ولكنه سرعان ما يرتخي".

ووفقاً للمتخصصة في علم الجنس، غالباً ما تؤدي العلاقات الجديدة المتوترة إلى مشاكل على صعيد الممارسة الجنسية. وتنصح الأزواج بتحديد موعد للحديث أكثر عن هذه المشاكل. ومع مزاولة بعض تمارين الاسترخاء تتحسن العلاقة الجنسية بعض الشيء.

أقراص

الواقع أن الإرشادات حول مشاكل الانتصاب هي من مهمة السلطات، يقول المختص في المسالك البولية فان لار. ولكنها لا تقوم بذلك، فاستغلت شركات صناعة الأدوية هذا الفراغ. لا يزود فان لار زوار الحافلة بوصفة دواء، ولا يرى نفسه دمية في يد الشركات المصنعة للأقراص.

53

5 علامات تدل على مدمن الجنس[9]

البرازيل ـــ محمد داود

نعم الجنس يمكن أن يكون إدماناً. وهو جزء مهم من طبيعة الإنسان وهذا أمر عادي جداً وصحي، ولكن عندما تخرج الرغبة الجنسية عن نطاق السيطرة فهنا تكمن الخطورة. كما أن الفرق بين التمتع بالجنس والإدمان عليه واضح.

---

[9] موقع مجلة سيدتيّ ـــ تقرير: محمد داود ـــ 25 يونيو 2013 ـــ الرابط:

http://www.sayidaty.net/node/74183/5-
%D8%B9%D9%84%D8%A7%D9%85%D8%A7%D8%AA-
%D8%AA%D8%AF%D9%84-%D8%B9%D9%84%D9%89-
%D9%85%D8%AF%D9%85%D9%86-
%D8%A7%D9%84%D8%AC%D9%86%D8%B3

يمكن أن يظهر الإدمان على الجنس عبر عدة طرق، ولذلك يجب النظر إلى كافة الاحتمالات والأسباب التي تكون على النحو التالي طبقاً لدراسة برازيلية لمعهد **"فيجيسب"** المختص بالأمراض الجنسية في مدينة ساو باولو:

- **أولاً:** الجنس يكون إدماناً إذا سيطر على حياة الشخص وتفكيره ونشاطاته.
- **ثانياً:** عندما ينصب الحديث في مجمله على موضوع الجنس عنده.
- **ثالثاً:** عندما لا يستطيع أن ينام من دون ممارسة العادة السرية أو الجماع أو مشاهدة الأفلام الإباحية.
- **رابعاً:** الإكثار من العادة السرية إذا لم يكن متزوجاً.

- خامساً: عندما يكون متزوجاً، ولكنه يخون زوجته مع عدة نساء أخريات.

ما الفرق بين الجنس الصحي والجنس الإدماني؟

الفرق هو أن الإدمان على الجنس يعني الإصابة بوسواس الجنس في حين أن الجنس الصحي هو الحاجة العادية لممارسة الجنس بشكل طبيعي مع شريك أو شريكة الحياة. الجنس الصحي هو أن توجد الرغبة لممارسته، ومن ثم تتم العودة للحياة الطبيعية، لكن الجنس الوسواسي (أي الإدمان) يقبع في الذهن، ولا يخرج منه إن كان من حيث التفكير به أو ممارسته؛ فالمصاب بالإدمان على الجنس يبدأ بالتفكير به بعد لحظة من الممارسة.

الإدمان على الجنس يتجلى في أمرين: حلول الجنس محل الحب والسعي الدائم لممارسة هذا النشاط بشكل مفرط.

- المدمن على الجنس يعدّ الممارسة ناقصة كلما مارسها: أوضحت الدراسة البرازيلية أن المدمن لا يشعر بأن رغبته قد أُشبعت بعد الممارسة وهو يشعر

حتى بعد بلوغه النشوة بأن الممارسة كانت ناقصة. أما الجنس العادي فإن ممارسه يشعر بالإشباع والرضا التامين بعد الممارسة، ويحتاج إلى وقت لكي يشعر بالرغبة من جديد.

- أشارت الدراسة إلى أن المدمن على الجنس يحاول تشكيل الرغبة عنده بأي وسيلة من الوسائل، حتى وإن كان قد انتهى لتوه من ممارستها، وذلك يتم عبر رسم تخيلات عن الجنس تكون مريضة.

- الإدمان على الجنس عند الرجال والنساء مرض يستوجب معالجته، وإلا فإن الحياة برمتها قد تكون بلا معنى من دون الممارسة الجنسية المستمرة، أي أن الحياة عند المدمنين على الجنس تصبح فارغة، ولا قم نشاطات أخرى غير مرتبطة بالجنس.

57

منطقة الرضا الجنسي لدى المرأة وهم أم حقيقة؟[10]

قال علماء إيطاليون إنه يمكن تحديد ما يعرف بالـ G spot أو موضع **"جي سبوت"** ، التي تعتبر سبباً في الوصول للرضا الجنسي لدى المرأة، عبر الموجات الصوتية.

وتقول بعض النساء إن استثارة منطقة معينة في المهبل يؤدي إلى توليد موجات قوية من النشوة الجنسية، لكن الطب لم يستطع أن يحدد بدقة موضع هذه المنطقة.

---

[10] موقع BBCArabic.com – 21 فبراير – 2008 – الرابط:

http://news.bbc.co.uk/hi/arabic/sci_tech/newsid_72560
00/7256099.stm

وقال باحثون لمجلة New Scientist إنهم وجدوا غشاءً سميكاً لدى السيدات اللواتي يشعرن بالنشوات الجنسية.

لكن متخصصين قالوا من أنه من الممكن أن يكون هناك أسباب أخرى لوجود هذا الغشاء.

ومنذ الثمانينات وتعبير "جي سبوت" يعتبر موضوعاً مثيراً للجدل، حيث اعتبره البعض طريقة لتفسير لماذا يمكن لبعض النساء أن يصلوا للنشوة الجنسية من خلال الاستثارات المهبلية بينما أخريات لا يستطعن ذلك. وقال متخصصون إن هذا التعبير جعل النساء اللواتي لا يستطعن الوصول إلى النشوة الجنسية عبر الاستثارات المهبلية قلقين للغاية.

وقد ضم البحث الذي أجراه الدكتور إيمانويل جانيني من **جامعة لاكويلا** عينة من 20 امرأة ونشر في **دورية الطب الجنسي.**

وقد تم استخدام الأشعة الصوتية لقياس حجم وشكل الغشاء الموجود خلف الجدار الأمامي للمهبل، والتي يشار إليها عادة بأنها موضع "جي سبوت".

وفي تسع حالات لسيدات قلن إنهن استطعن تحقيق النشوات المهبلية، وجد إن الأغشية الموجودة بين المهبل ومجرى البول كانت في المتوسط أكثر سماكة من 11 سيدة لم يستطعن الوصول إلى النشوة المهبلية.

وقال الدكتور جانيني إنه "لأول مرة أصبح من الممكن عبر وسيلة بسيطة وسريعة وغير مكلفة تحديد إذا ما كانت المرأة لديها "جي سبوت" أم لا".

لكن الدكتور تيم سبكتور من مستشفى سانت توماس في لندن قال لمجلة New Scientist إن الغشاء السميك ربما يكون جزءًا من الكليتوريس، وهي منطقة حساسة للغاية. أما الدكتورة بيترا بوينتون، وهي متخصصة في الطب الجنسي، فقالت إن صناعة كاملة نشأت حول فكرة الـ "جي سبوت" التي لا تساعد السيدات اللواتي لا يحصلن على النشوة عبر هذا المفهوم.

وأضافت قائلة: "كلنا كسيدات مختلفات. بعض النساء لديها منطقة معينة في المهبل حساسة للغاية، والبعض الآخر لا يملكن هذه المنطقة.. لو أن المرأة ستصرف كل وقتها في القلق حول ما إذا كانت

طبيعية أو لديها جي سبوت أو لا، سيجعل ذلك اهتمامها منصبًا على منطقة واحدة فقط وتجاهل المناطق الأخرى".

في أميركا 30 مليوناً وفي مصر النسبة 64 ٪

322 مليون رجل يعانون من الضعف الجنسي عالمياً(11)

المصدر: القاهرة – عماد الأزرق

التاريخ: **19 فبراير 2011**

كشف عدد من الخبراء والمتخصصين في أمراض الذكورة أن نسبة الضعف الجنسي بين المصريين ارتفعت إلى 64 في المئة بين الرجال، في الفئة

---

[11] جريدة البيان الإماراتية – تقرير: عماد الأزرق – **19 فبراير 2011**.

العمرية ما بين 35 و70 عاماً، وحذروا من خطورتها نظراً لما يصاحب الضعف الجنسي من أمراض مزمنة، خاصة بعد سن الـــ 40، وعالمياً أوضح الخبراء أن 150 مليون رجل يعانون من الضعف الجنسي، 50 في المئة منهم تتراوح أعمارهم بين 40 – 70 عاماً، وتوقعوا أن يرتفع العدد عالمياً إلى 322 مليوناً بحلول عام 2025، جاء ذلك خلال المؤتمر الذي انعقد يوم الخميس الماضي في القاهرة، تحت عنوان: "**أسباب الضعف الجنسي وآثاره على الإنسان**".

وأكد الدكتور سامي حنفي، أستاذ أمراض الذكورة **بكلية الطب جامعة بنها**، رئيس **الجمعية المصرية لأمراض الذكورة**، خلال مؤتمر حول الصحة الجنسية أن الضعف الجنسي أحد الأسباب المهمة لكثير من المشاكل الزوجية، والتي عادة لا يبوح بها الزوجان، وقد تؤدى إلى الانفصال في كثير من الأحيان، حيث تكون الأسباب المعلنة أسباباً واهية، لا تؤدى في الأحوال العادية إلى الانفصال.

وأوضح أن الضعف الجنسي يعني عدم قدرة الرجل على الانتصاب بالقوة الكافية، وللمدة الكافية، لإتمام العلاقة الزوجية، وهو مرض شائع

63

الانتشار، ليس في مصر وحدها، ولكن في العالم كله، ففي الولايات المتحدة الأميركية يعاني أكثر من ثلاثين مليوناً من الضعف الجنسي.

وأشار إلى أن من أسباب الضعف الجنسي، ارتفاع ضغط الدم، وأن حوالي 50 في المائة من المرضى لديهم ارتفاع في نسبة الكوليسترول في الدم، كما أن 80 في المائة من مرضى الفشل الكلوي لديهم مشكلة الضعف الجنسي، وأن 50 في المائة من مرضى السكر يعانون أيضاً من ضعف الانتصاب، مؤكداً أن ضبط نسبة السكر في الجسم يساعد على تخطى مشاكل الضعف الجنسي.

بعض الأدوية

وشدد د. حنفي على أن هناك بعض الأدوية تؤدى لحدوث ضعف الانتصاب، منها الأدوية المستخدمة في علاج الحالات النفسية المختلفة، مثل المهدئات الرئيسية والثانوية، ومضادات القلق والاكتئاب، ومضادات الضغط المرتفع، وبعض مضادات الحساسية.

ونبه إلى أن التدخين يعد من الأسباب الرئيسية المسببة للضعف الجنسي، مشيراً إلى أنه يسبب انقباضاً بالأوعية الدموية الصغيرة، وارتفاع الضغط، وتصلب الشرايين، وحذر من تناول المخدرات والكوكايين والماريجوانا والخمور، لأنها من الأسباب الرئيسية لحدوث العجز الجنسي.

وأوضح أن هناك حلولاً لتخطى مشكلة الضعف الجنسي، منها الذهاب للطبيب المختص لإجراء الفحص الدقيق لكل أجزاء الجسم، خاصة ما يتعلق بالصفات الجنسية الثانوية، والنبض بالأطراف، وبعض الفحوصات المتخصصة. وأشار إلى وجود حلول لمشكلة الضعف الجنسي، الناتج عن الأمراض المزمنة، منبهاً بضرورة الحفاظ على الحالة المرضية، حتى لا تحدث مضاعفات، مؤكداً أن هناك طرقاً علاجية جديدة تساعد على توسعة الأوعية الدموية، منها ما يتم حقنه، ومنها ما يتناوله المريض عن طريق الفم.

ومن جانبه، قال الدكتور حسنى عوض، أستاذ أمراض الذكورة **بكلية الطب جامعة القاهرة** إن ضعف الانتصاب هو إشارة لوجود حالة مرضية، تحتم على صاحبها الكشف لدى طبيب، لأنه إذا كان المريض لديه مشاكل بالأوعية الدموية، فهو عرضة للإصابة بذبحة صدرية خلال فترة من 6 أشهر إلى سنتين، مضيفا أن من الآثار النفسية التي يتعرض لها المريض،

65

حدوث حالة اكتئاب، وفقدان لتقدير الذات، وزيادة التوتر في وجود الشريك، وبتجنب التقارب الجسدي، وضعف في أداء العمل، وبالتالي ينسحب المريض من العلاقات الاجتماعية.

الأعمار بين 35 و70

وأكد أن في مصر حوالي 64 في المائة من الرجال مصابون بضعف جنسي، وتتراوح أعمارهم ما بين 35 و70 عاماً، وأشار إلى أن التشخيص السليم لأسباب المرض، يبدأ من قبل الطبيب، بمعرفة التاريخ المرضى بدقة، وإعطاء المريض الفرصة لسرد أدق تفاصيل حياته، لأنه يساعد بشكل رئيسي على اكتشاف الأسباب النفسية وغير النفسية، ثم يقوم الطبيب بفحص عام، يليه فحص موضعي للمريض، ثم إجراء بعض الفحوصات المتعلقة بأمراض السكر، وضغط الدم، ونسبة الدهون، وهرمون الذكورة.

وينصح الدكتور أقسم ياسين، أستاذ المسالك البولية والأمراض التناسلية، بالتوقف الفوري عن التدخين، بعد أن أثبتت الأبحاث أن التدخين سبب رئيسي لحدوث الضعف الجنسي، ودخان السجائر يسبب ضيق

الأوعية الدموية الموجودة في العضو الذكرى، وأن الأبحاث تؤكد أن تدخين عشرين سيجارة يومياً، يؤدى إلى زيادة احتمالات حدوث الضعف الجنسي، لأكثر من ؟؟ في المائة، ويجب التوقف عن تناول المخدرات والكحوليات لأنها تسبب العجز الجنسي.

<u>تقرير جنسي في عالم الأحلام</u>

<u>37 %</u> من النساء يحققن الرعشة و83 % من
الرجال يحتلمون<u>(12)</u>

<u>12</u> جريدة إيلاف الإليكترونية – العدد 4402 – 10 يونيو 2013 – ترجمة
عبد الله كرمون.

- ألفرد كينسي (1894_1956) أستاذ عِلميْ الحيوان والحشرات. أسس سنة 1947 معهدًا للبحث حول الجنس في جامعة إنديانا. وقد نشر، بغض النظر عن كتبه الأخرى والدراستين المهمتين، بحيث تتعلق الأولى بدراسة السلوك الجنسي لدى الرجل (1948)، والثانية بالسلوك الجنسي لدى المرأة (1953). (المترجم).

"نقرأ في مخطوطة بردي مصرية

بأنه إذا حلمنا بأن امرأة تتحد بحصان

فإنها ستكون شرسة مع زوجها، وإذا

نكحها حمار فسوف تتعرض لعقاب

جراء فعلة شنيعة، أما إذا نكحها كبش

فذلك يعني، على غير المتوقع، بشرى

حسنة..."

إعداد: عبد الله كرمون:

قام "تقرير كينزي" الشهير، والذي يعود إلى سنة 1950، بأول تحقيق واسع حول أهمية الأحلام الجنسية. فكشف أن نسبة 83 في المئة مثلاً من الرجال الذين يبلغون 45 سنة، قد سبق لهم أن خبروا احلامًا يرافقها قذف. وأن نسبة 5 في المئة منهم يرون أحلامًا إيروسية أكثر من مرة في الأسبوع، ويقع الزمن الأقصى لحدوثها ما بين سن المراهقة وسن الثلاثين.

69

أما بخصوص النساء، فتستشعر نسبة 37 في المئة منهن رعشة كبرى في الحلم، وتتردد أحلامهن الإيروسية منخفض جدًا بالمقارنة مع الرجال. لم تحدد بعد العلاقة القائمة بين تردد الأحلام الجنسية وبين الممارسات الواقعية. يمكن أن نعيش حياة جنسية منتعشة دون أن نعرف أحلامًا مرتبطة بها. مثلما لا ندرك إن كان الامتناع — عن عمد أم لا — يزيد من كثافة الأحلام الجنسية.

قارنت بعض الدراسات، خلاف ذلك، الأحلام الإيروسية لممارسي الجنس مع الجنس المخالف والذين يمارسونه مع جنسهم (المثليين) نفسه، وأبانت عن ملاءمة بينة ما بين ميول الشخص وما بين أحلامه. تناسب الأحلام الإيروسية لشخص مِثليٌّ تخيلاته خلال النهار وميله الجنسي الواعي. ما يعارض تمامًا الفرضية الفرويدية حول الحلم — باعتباره كبتًا لرغبة لاواعية.

"تقارير كينزي" في القدم

الأحلام الإيروسية قديمة قدم التاريخ. ونجد شهادات كثيرة على ذلك في الأدب وفي تفاسير أحلام القِدم. إذ إن أحد النصوص القديمة المهمة وهو Onirocriticon، قد كتبه الإغريقي أرتيميدور الإفيزي في القرن الثاني قبل الميلاد، وهو مصنَّف في التنبؤ عن طريق الأحلام، ويحتوي على قاموس أحلام جد غني بالنسبة للمؤرخين. التقى أرتيميدور هذا بالعرافين، كما قرأ المصنفات القديمة، وصنف الشهادات التي جمعها خلال أسفاره التي جاب خلالها كل بلدان حوض البحر الأبيض المتوسط. وصف في مجموعها أكثر من ثلاثة آلاف حلم. يهم جزء كبير منها الأحلام الجنسية: إنه حسب المؤرخ جون وينكلر **تقرير كينزي القدم** بامتياز.

ذُكرت فيه الأحلام الجنسية بدون تزويق، مثال: حلم مضاجعته لزوجته (يتوجه أرتيميدور بشكل غير مباشر إلى الرجال)، وكذلك لعبد أيضًا أو لعبدة، **لحماته**، لأخته، لابنه، لابنته. يتعلق الأمر بالنسبة إليه، في الحالات الأخيرة لنكاح الأقرباء (زنى المحارم)، بنذير شؤم: قد تكون هناك خسارة مادية منتظرة. فالأحلام **المضادة لما هو طبيعي**، مثل نكاح حيوان، في وضعية غير لائقة، أو مضاجعة فرد من العائلة، لا تبشر بالخير على العموم. أما في ما يخص المثلية، فيرى بول فيني بأن تأويلات أرتيميدور

71

تعكس قيم ذلك العهد. إتيان عبد من دبره خلال الحلم هو أمر جارٍ به العمل ولا يعني نهائيًا علامة سيئة.

فأن "**ينبطح**" مواطن صالح ويسفل حتى في الحلم هو أمر مؤسف، ومخالف للخلق الحسن: فهو إذًا فأل سيئ.

المقارنة مع تأويل التحليل النفسي مهمة لأكثر من سبب. فسيغموند فرويد يعرف كتاب Onirocriticon (وقد أشاد به في تأويل الأحلام). و لم ينكر بعض تأويلات أرتيميدور التي تقترح بأن وعاءً معينًا قد يعني عضو المرأة الجنسي. كما أن سارية باخرة قد تشير إلى فالوس. ولكن نتائجه، عمومًا، مخالفة تمامًا لاستنتاجات التحليل النفسي. فالعديد من الأحلام العادية، بالنسبة لفرويد، لها تفسير جنسي مخفي (زنى المحارم أو مِثلي). على العكس مما نجد في مفاتيح (تفاسير) أحلام القدم: فالأحلام الجنسية واضحة وتحيل على رهانات خفية: المال، المرض، تحالفات حسنة أو سيئة.

كما في "**مفاتيح الأحلام**" المصرية، فأحلام نكاح الأقارب هي، خلاف ذلك، محبذة: أن نضاجع أمًّا أو أختًا هو دليل مستقبلي على تحالفات

آتية. نقرأ في مخطوطة بردي مصرية بأنه "إذا حلمنا بأن امرأة تتحد بحصان فإنها ستكون شرسة مع زوجها، وإذا نكحها حمار فسوف تتعرض لعقاب جراء فعلة شنيعة، أما إذا نكحها كبش فذلك يعني، على غير المتوقع بشرى حسنة، وسيغدق عليها فرعون كل عطفه".

جان فرونسوا دورتيي.

(عن مجلة العلوم الإنسانية — باريس).

وداعا للرومانسية..

اكتشاف حبوب الحب مسألة وقت[13]

صار من الممكن عملياً أن تقول: "وداعاً للرومانسية"، فالحب لم يعد ذلك الساحر الخفي الذي لا تعرف متى يأتي ليعذبك أو يشقيك أو يسعدك، لأن العلماء قد اكتشفوا سلفاً العناصر الكيماوية التي تحرض على تلك العاطفة ولن يمضي وقت طويل حتى تنزل حبوب الحب للأسواق وربما تتبعها حبوب إثارة الكراهية.

---

[13] موقع وكالة نوفوستي الروسية للأنباء – 31 يناير 2009.

وتفيد **الديلي ميل** البريطانية استنادًا إلى علماء أمريكان أنه سيكون من الممكن في المستقبل القريب البرهنة على أن الحب ما هو إلا تفاعل بيوكيماوي وإذا تسنت البرهنة، فإن العلم لا محالة سيوجه ضربة إلى الرومانطيقيين، بل سيعطي الضوء الأخضر لتحضير "حبوب الحب".

وقد نشرت **مجلة "Nature"** في عددها الأخير مقالة، حيث جرى استعراض نتائج أحدث البحوث في هذا المجال. وأعلن البروفيسور لاري يانغ من **جامعة إموري** في أتلانتا (ولاية جورجيا)، أنه اكتشف عناصر كيماوية بوسعها إثارة مشاعر الحب. فقد أظهرت التجارب أنه تحدث لدى الشخص المحب تغيرات كيماوية ملموسة في بعض أجزاء المخ. ويدور الحديث الآن حول إمكانية دخول أوكسيتوسين في تركيبة "**حبوب الحب**".

وهذا هرمون يبعث مشاعر الثقة والارتباط الاجتماعي والتغلب على مشاعر الخجل والجبن. وثبت أن الأشخاص الذين نسبة هذا الهرمون لديهم عالية يثقون بالآخرين، ولا يعيرون أهمية كبيرة للأموال.

التقبيل(¹⁴)

كثيراً ما تقودنا مشاعر الحب والانجذاب إلى التقبيل

لكن كيف نبدأ؟ ومتى تكون القبلة "صحيحة"؟

القبل اللسانية

تسمى القبل اللسانية في بعض الأحيان بـ "**القبل الفرنسية**"، وذلك عندما تقبّلان بأفواه مفتوحة وألسنة متلامسة. هناك طرق مختلفة لفعل

---

14 موقع الحب ثقافة الهولندي — الرابط:

http://lmarabic.com/resource/how-kiss

ذلك. بوسعك وضع لسانك في فم الشخص الآخر وأن يتزلق اللسانين أو يداعبان بعضهما البعض، مع عدم إغفال الأجزاء الداخلية للشفاه كذلك، الأمر الذي يعطي شعوراً ممتعاً.

هل أقبّل بشكل صحيح؟

لا يمكن تدريس التقبيل. يمكن في الواقع تجربته وتعلّمه بالممارسة. وهو كذلك ليس صعباً. تبدأ القبل اللسانية عادة بالتقبيل على الشفاه: يمكن تحريك شفتيك لاستكشاف شفتي الطرف الآخر، ومن ثم إدارة رأسك قليلاً إلى جانب حتى لايعترض أنفيكما الطريق. بعد ذلك يمكن فتح الأفواه ببطء، وجعل لسانك يلج إلى داخل فم الطرف الآخر. لو كان إحساسك جيداً، فأنت تفعل(ين) ذلك بطريقة صحيحة.

كيف أستمتع أكثر بفنون التقبيل؟

القبل الجميلة هي التي تتم بتناغم بين طرفين. كلما حدث توافق بينكما واستمتاع متبادل بالتقبيل ستكون القبلات أفضل. أحياناً تأتي القبلة

77

بشكل قوي لتعبر عن مشاعر قوية بينكما، وأحياناً أخرى تأتي بشكل خفيف ولطيف متدرج ويزيد قوة. وأحياناً لا يستمتع البعض بالقبلة مع بعض الأشخاص لسبب أو لآخر. القبلة لغة تتعدى الكلمات، وكثيراً ما تعبّر عن كم من المشاعر. ولكنها أيضاً تتضمن بعض التقنيات. يمكن استكشاف ومداعبة المناطق المختلفة من الفم باللسان والشفتين.

وهناك أذواق مختلفة في التقبيل. بعض الناس يحبون الشفاه المبللة، وآخرون لا يروق لهم ذلك. البعض يحب التقبيل في المناطق الخارجية، والبعض الآخر يحب أن يدخل لسان الطرف الآخر عميقاً في الفم.

استكشف مشاعرك، وقبل كل شيء كن على اتصال مع الطرف الآخر ومتيقظاً لمشاعره أو مشاعرها.

إيقاع حلو ومتدرج

تدرجا ببطء، ولو شعرت بأن الشخص الآخر يريد التوقف، فلا بأس، تمهّل (ي) قليلاً، داعب(ي) وتغنج (ي) بالطرف الآخر، ثم يمكن المحاولة لاحقاً.

عشر دقائق من التقبيل المتواصل تعتبر أمر قوياً. توقفا من حين لآخر وأنظرا لعيني الطرف الآخر مباشرة.

أنفاس نقية

يمكن للتقبيل أن يكون شيئاً رائعاً، لكنه لا يكون ممتعاً لو كانت أنفاسك ذات رائحة غير مستحبة. ولدى كثير من الناس رائحة فم سيئة، خاصة في الصباح بعد الاستيقاظ. السواك الجيد وتنظيف الاسنان واستخدام الخيط تساعد كثيراً وكذلك مراقبة ما تأكله – التوابل النفاذة والثوم قد تجعل رائحة فمك غير مستحبة للطرف الآخر.

التقبيل والمداعبة

بعض الناس يغمضون عيوهم عند التقبيل، والبعض الآخر يستمتع بفتح العينين. البعض يحب إحداث أصوات قليلة أو الأنين خلال التقبيل، والبعض الآخر يحب التقبيل بصمت. وعندما تقبّل(ين)، بمقدورك أن

تستخدم أيضاً اليدين، بوسعكما أن تداعبا بعضكما البعض، ولمس الشعر والرقبة أو المناطق الحساسة.

يمكن أن يقود التقبيل إلى الممارسة الجنسية — لكن ليس بالضرورة. ويمكن أن يساعدك التقبيل في تحديد مدى انجذابك للطرف الآخر، ويمكن أن يتطور التقبيل بين الطرفين مع الوقت.

هل تعلم .....؟

التقبيل يزيد ضربات قلبك من 70 ضربة في الدقيقة إلى ما بين 100 و 150 ضربة.

التقبيل الحميم قد يفقدك الوزن! فأنت على الأقل تحرق(ين) 6.4 من السعرات الحرارية في الدقيقة، لذا فإن عشرة دقائق من التقبيل تستهلك من السعرات ما يساوي تلك الموجودة في قطعة بسكويت.

الأفلام الإباحية أفيون الذاكرة[15]

برلين

حذرت دراسة ألمانية حديثة من خطورة مشاهدة الأفلام الإباحية التي تضر بالاخلاق كما أها تتسبب في أضرار جسدية جسيمة تتمثل في فقدان الذاكرة أحياناً وخمولها. وأشارت الدراسة الصادرة عن جامعة المانية أن الأشخاص الذين اعتادوا تصفح المواقع الإباحية بصورة منتظمة هم الأكثر عرضة لفقدان الذاكرة على المدى القصير.

---

[15] موقع ميدل ايست اونلاين – 20 ديسمبر 2012.

وأجرى فريق الدراسة متابعة ميدانية لعينة من الأشخاص الذين يواظبون على متابعة الأفلام المخلة بالآداب ليستنتجوا بعد ذلك أنهم سجلوا إجابات غير صحيحة، مقارنة بأقرانهم الذين تمكنوا من الإجابة بطريقة قويمة لا تشوبها شائبة لمشاهدتهم لصور الأنشطة التقليدية.

واكتشف باحثون أميركيون أن المسنين الذين يتناولون ما لا يقل عن 2.8 طبق من الخضراوات يومياً يتباطأ لديهم فقدان الذاكرة بنسبة 40 في المئة.

وفي المتوسط فإن أولئك الذين كانوا يتناولون الكميات الأكبر من الخضراوات ذات الأوراق الخضراء مثل الخس والسبانخ سجلوا أقل فقدان للذاكرة. وجاء في المرتبة الثانية من كانوا يأكلون خضراوات صفراء مثل القرع وخضراوات اخرى مثل القرنبيط. وأحد التفسيرات لفائدة الخضراوات للذاكرة هي أنها تحتوي على كميات كبيرة من فيتامين "هـ" الذي يرتبط وجوده في الجسم بتحسن وظائف المخ.

على صعيد آخر، اكتشف باحثون طبيون في **جامعة ألبرتا** بكندا أن دواءً مخصصاً لمرض السكري يساعد على استعادة الذاكرة في خلايا مخ

المصابين بالزهايمر. وقاد هذا البحث طبيب شعبة الأعصاب **بكلية الطب وطب الأسنان بجامعة البرتا**، جاك جهمانداس، الذي نشر نتائج بحوثه أخيراً **في مجلة علم الأعصاب.**

واكتشف العلماء أن بروتين الأميلويد، الموجود بكميات كبيرة وبصورة غير معتادة في أجزاء من الذاكرة والإدراك في أدمغة مرضى الزهايمر، يساعد على انكماش مساحة الذاكرة، ويوجد بروتين مماثل يعرف باسم أميلين، يفرزه بنكرياس مرضى السكري، لديه التأثير نفسه في خلايا الذاكرة.

وأكدت دراسة أميركية إن المتقدمين في السن الذين لا يصابون بتراجع في الذاكرة لديهم خصائص دماغية مختلفة عن تلك الموجودة عند نظرائهم الذين يعانون تراجعاً لذاكرتهم.

دراسة: الأميركيون يتمتعون بنشاط جنسي حتى السبعين[16]

أكدت أن العلاقات الإنسانية مهمة حتى نهاية العمر

(واشنطن بوست)

نيويورك: بينيديكت كيري

غالبية الأميركيين تظل تتمتع بنشاط جنسي حتى في العقد السابع من العمر، ويتواصل هذا النشاط لدى نصف هؤلاء حتى وهم في بداية العقد

---

[16] جريدة الشرق الأوسط اللندنية — تقرير — 24 اغسطس 2007 — العدد رقم: 10496.

الثامن من العمر. وكانت هذه النتائج قد جاءت من أكبر دراسة شاملة تجرى حتى في الولايات المتحدة حول السلوك الجنسي للكبار. وأشارت نتائج الدراسة أيضا إلى أن كثيرًا من الرجال الأكبر سناً يواجهون بعض المشاكل الجنسية مثل ضعف الرغبة الجنسية وصعوبات الانتصاب. واعتمدت نتائج الدراسة، التي نشرت في New England Journal of Medicine على مقابلات أجريت مع ما يزيد على 3000 شخص في الولايات المتحدة تتراوح أعمارهم بين 57 و85 عاماً أدلوا بوصف مفصل لنشاطاتهم الجنسية.

وتوصلت الدراسة إلى أن النساء يصبحن أقل نشاطاً جنسياً بعد سن 57 عاما مقارنة بالرجال. كما أشارت نتائج الدراسة أيضاً إلى أن النساء غالباً ما يعشن لوحدهن بعد هذه السن ولا يجدن متعة كبيرة في الجنس.

ويقول خبراء إن هذه الدراسة نجحت في تقديم أكثر صورة واضحة وكاملة حول النشاط الجنسي للنساء والرجال خلال فترة ما بعد بداية العقد السابع من العمر. لا شك في ان هناك باحثين أجروا دراسات في النشاط الجنسي في هذه السن، إلا أن تلك الدراسات تركزت حول مرضى أو مجموعات أخرى لا يمكن النظر اليها كعينة يمكن أن تمثل كل الفئات المراد

85

إجراء البحث وسطها. ويقول روبرت بتلر، الذي ألّف وزوجته كتاباً حول الجنس بعد سن الستين، إن ثمة اعتقاد واسع في أنه لا توجد ممارسة للجنس في العقود المتأخرة من العمر، إلا ان نتائج الدراسة المشار اليها، كما يقول بتلر، أثبتت بقوة أن النشاط الجنسي لا يتراجع كثيراً. وأضاف بتلر قائلاً إن العلاقات الانسانية مهمة حتى نهاية العمر.

وكان الباحثون، الذين يتبعون **لجامعتي شيكاغو وتورنتو**، قد اجروا الدراسة وسط 2005 أشخاص من الذين دخلوا في أواخر العقد السادس من العمر، وأجرى الباحثون الذين جرى تدريبهم مسبقاً لقاءً مباشرًا لمدة ساعتين مع كل الذين شملهم هذا البحث رجالاً ونساءً حول نشاطاتهم الجنسية وصحتهم الجسدية الاجتماعية، فضلاً عن جوانب أخرى في حياتهم.

وأشارت نتائج الدراسة، التي مول جزءًا منها **المعهد الوطني للصحة**، إلى ان نسبة 84 في المائة من الرجال الذين تتراوح أعمارهم بين 57 و64 عاماً قالوا إنهم كانوا على صلة جنسية مع شخص آخر خلال العام الماضي، مقارنة بنسبة 62 في المائة من النساء من نفس الفئة العمرية. وتتراجع هذه النسبة إلى 38 في المائة وسط الرجال، و17 في المائة وسط

النساء وسط الذين تزيد أعمارهم عن 75 عاماً. إلا أن ثلثين من الأشخاص النشطين جنسياً وهم في العقد الثامن من العمر قالوا إنهم يمارسون الجنس مرتين على الأقل شهرياً، فيما نصفهم تقريباً يواصلون على هذا المنوال حتى وهم في العقد التاسع من العمر.

ويقول تيسلر لينداو، أستاذ أمراض النساء والولادة **بجامعة شيكاغو**، إن النتائج التي توصلت اليها الدراسة يجب أن تلقي الضوء على خبرات وتجارب الكثيرين، ومن المحتمل أن تشجع الذين لديهم مشاكل أو أسئلة على التحدث مع أطبائهم. نصف النشطين جنسياً تحدثوا عن مشكلة جنسية واحدة على الأقل، كما أن نسبة 43 في المائة من النساء تحدثت عن تراجع الرغبة الجنسية و39 في المائة عن الجفاف المهبلي، و37 من الرجال شكوا من صعوبات في الانتصاب، علماً بأن حوالي ثلث الرجال وخمس النساء الذين أجريت عليهم الدراسة ناقشوا المسائل الجنسية مع أطبائهم منذ سن الخمسين.

القهوة تزيد القدرة على الانتصاب وتقلل من مخاطر الضعف الجنسي([17])

[17] موقع الإذاعة الألمانية – الدويتشة فيلله (DW) – تقرير – 22 مايو 2015 – الرابط:

http://www.dw.com/ar/%D8%A7%D9%84%D9%8
2%D9%87%D9%88%D8%A9-
%D8%AA%D8%B2%D9%8A%D8%AF-
%D8%A7%D9%84%D9%82%D8%AF%D8%B1%D8%A9-
%D8%B9%D9%84%D9%89-
%D8%A7%D9%84%D8%A7%D9%86%D8%AA%D8%B5%D8
%A7%D8%A8-
%D9%88%D8%AA%D9%82%D9%84%D9%84-
%D9%85%D9%86-
%D9%85%D8%AE%D8%A7%D8%B7%D8%B1-
%D8%A7%D9%84%D8%B6%D8%B9%D9%81-
%D8%A7%D9%84%D8%AC%D9%86%D8%B3%D9%8A/a-
18468271

أفادت دراسة حديثة أجرتها **جامعة تكساس** الأمريكية أن الرجال الذين يشربون فنجانين وإلى ثلاث من القهوة يومياً تزيد لديهم القدرة على الانتصاب ويقل تعرضهم لمخاطر الضعف الجنسي، لكن زيادة الكمية قد يأتي بنتائج عكسية.

أظهرت دراسة نشرها جورنال **"بلوس ون"** أن الرجال الذين يتناولون يوميًا كمية بين 85 و 170 ميلليغرام من الكافيين تقل مخاطر إصابتهم بالضعف الجنسي بنسبة 42 في المائة مقارنة بمن لا يشربون القهوة إطلاقاً أو يقل استهلاكهم من الكافيين عن 7 ميلليغرام يومياً. أما أولئك الذين يتناولون بين 171 و 303 ميلليغرام كافيين في اليوم فتنخفض الاستفادة من الكافيين لديهم إذ تبلغ 39 في المائة فقط، حسب ما نقل الموقع الإلكتروني لجامعة تكساس.

وتؤكد الدراسة التي قادها ديفيد اس لوبيز، الأستاذ المساعد **بكلية الطب والصحة العامة بجامعة تكساس**، أن مادة الكافيين تعمل على استرخاء عضلات العضو الذكري ما يؤدي إلى تدفق الدم فيه بشكل أفضل،

وبالتالي تحسين عملية الانتصاب. ويستفيد أيضا من ذلك الرجال الذين يعانون من زيادة الوزن والسمنة. وبصرف النظر عن مصدر مادة الكوفايين سواء كان الشاي أو الصودا أو أي مشروب آخر دافئاً كان أم باردًا، فإن تأثيرها في تحسين الانتصاب هو نفسه.

ونقل **موقع جامعة تكساس** عن لوبيز، أن الدراسة أظهرت أن مرض السكري هو أحد أشد عوامل الخطر بشأن الانتصاب و**"هذا لم يكن مفاجأة"**، حسب لوبيز.

يشار إلى أن حوالي 18 بالمائة من الرجال في الولايات المتحدة يعانون بداية من سن العشرين من ضعف الانتصاب، ويقدر عددهم بحوالي 18 مليون رجل، حسب ما نقل **موقع جامعة تكساس الأمريكية**.

(DW)

القضيب الكبير والعلاقة الحميمة: نصائح وإرشادات([18])

كيف تتأقلم مع القضيب الكبير في العلاقة الحميمية؟

تردنا في موقع الحب ثقافة الكثير من الأسئلة والتعليقات في موضوع العلاقة الحميمية وحجم القضيب الكبير. لهذا ننشر هنا أبرز النصائح للأزواج الذين ربما يواجهون صعوبة في الاستمتاع بعلاقة حميمية بسبب حجم القضيب الكبير.

---

[18] موقع الحب ثقافة الهولندي — الرابط:

https://lmarabic.com/our-bodies/male-body/dos-donts-big-penis

من المهم أولاً أن نعرف ما الذي نعنيه بالقضيب الكبير. انتصاب القضيب الطبيعي يكون ما بين 7 – 17 سم في المعدل، ويمكنك قياس طوله ابتداءً من جدار البطن أعلى القضيب حتى رأس القضيب لمعرفة الحجم بدقة.

قد يكون حجم وطول القضيب مصدر فخر لبعض الرجال. لكن عندما يتعلق الأمر بالعلاقة الحميمية فالأكبر أو الأطول ليس دائماً الأفضل. من الوارد أن يكون القضيب الطويل غير مريح أو حتى مؤلم لشريكتك مما يجعل الجنس أقل متعة بالنسبة لها. لكن اطمئن: فهنالك حلول يمكن الاستعانة بها لضمان علاقة ممتعة ومريحة للطرفين.

الإثارة والترطيب

من أكثر أسباب الألم خلال الممارسة الحميمية عند المرأة هو عدم الإثارة الكافية وكذلك عدم الوصول لدرجة مناسبة من الترطيب (البلل) قبل الإيلاج. أضف على ذلك كون طول القضيب أكبر من المعدل عند

بعض الرجال، ومن هنا يمكن أن تتلاشى فرص المتعة الحقيقية خلال الممارسة.

لذلك إن كنت من الرجال الذين لديهم قضيب أطول من المعدل، تدرج في الممارسة وتأكد أن شريكتك مستثارة بما فيه الكفاية، واستخدم كمية أكبر من المرطب (اللوبريكانت) إن استدعى الأمر.

تأكد أيضاً بأن شريكتك مسترخية وغير خائفة أو متوترة من أي ألم موشك، لأنها في هذه الحالة ستشد عضلاتها تحسباً لما سيحدث، مما سيجعل العملية الجنسية مؤلمة وصعبة. من الممكن إيصالها لهزة الجماع خلال مرحلة المداعبة لأن ذلك سيساعدها على الإسترخاء عندما تقوم بإدخال القضيب في المهبل برفق. كما يُنصح أن تقوم هي بالتنفس العميق خلال محاولتك لإدخال القضيب إلى المهبل.

اعرف الأسباب

من المهم أن تدرك ما الذي يسبب لشريكتك الألم وعدم الأريحية. هل السبب هو وصول رأس القضيب إلى عمق عنق الرحم؟ أم أن الألم يأتي

من مجرد البدء بإدخال القضيب في المهبل؟ الحل يكمن في معرفة مكان وسبب الألم.

فعلى سبيل المثال، إن كان سبب الألم هو احتكاك رأس القضيب بعنق الرحم (الولوج في أعماق المهبل) يمكنكما اختيار وضعية أخرى أكثر سطحية تمنع القضيب من الولوج عميقاً. ويمكن أن يكون السبب أيضاً أن الشريكة غير مستثارة بما فيه الكفاية، والإثارة والمداعبة أكثر سيوسع المهبل ويمكّنك من الدخول الكامل.

وإن كانت المشكلة تكمن في المرحلة الأولى من الولوج، استعينا بالمزلقات (اللوبريكانت) ومن الممكن المداعبة أولا باستخدام الإصبع لمساعدة عضلة المهبل على الاسترخاء والتهيئة قبل الإدخال.

تجارب ومحاولات

بعد أن تحلا قضية الاستثارة والترطيب حاولا أكثر من وضعية للممارسة. ما هي الأمور التي تسبب ألماً للشريكة و ما هي الأوضاع

والحركات المريحة والممتعة؟ على سبيل المثال إن اعتلت المرأة فوق الرجل (وضعية الفارسة) يمكنها التحكم أكثر في عمق الولوج.

خذا أيضًا بعين الإعتبار أن ليس من الضروري إيلاج القضيب الطويل بأكمله في المهبل. فالنهايات العصبية الحساسة التي تعطي الرجل شعوراً باللذة موجوده في رأس القضيب. وأما قاعدة القضيب فهي أقل أهمية ومتعة في العملية الجنسية ويمكن تحفيزها باستخدام اليد أو حتى الألعاب الجنسية مثل الهزاز لمن يستمتع بذلك.

تذكرا أن التمرين خير وسيلة للإتقان! استمرا في تجاربكما. ومع التجربة سيتأقلم المهبل ويسترخي أكثر لاستيعاب القضيب الكبير مع الوقت. لذلك لا تستلما بعد أول محاولة. لكن في الوقت نفسه احرصا على بعضكما البعض ولا تقوما بأي عمل يمكن أن يؤذي الشريك.

إن لم تتمكنا من إيجاد حل مع الوقت يمكنكما استشارة طبيب مختص معاً.

<u>عوامل أخرى</u>

95

في بعض الأحيان ربما تكون هنالك عوامل أخرى تتسبب بالألم. قد يتعلق الأمر بالعامل النفسي أو بتجربة جنسية سلبية في الماضي أو حالة استغلال أو اغتصاب مرَ بها أحد الطرفين.

وهنالك أيضًا العامل الجسدي. هل تعرضت شريكتك للختان؟ أو هل انجبت من فترة قصيرة؟ ليس لهذه العوامل صلة مباشرة بحجم القضيب لكنها من العوامل التي يمكن أن تقف في طريق معاشرة جنسية ممتعة للطرفين.

انتبه ... لا تستخدم القوة

المعاشرة الجنسية ليست استعراضاً للقوى، وبغض النظر عن سبب المشكلة لا تستخدم القوة مهما كان.

يمكن للعنف أن يُحدث المزيد من التعقيدات والألم، والأسوء من ذلك أن يصير الشريك المتلقي أكثر خوفاً من المعاشرة الجنسية من ذي قبل. مما سيتركما في حلقة مفرغة بدون حلول. عندما تدخل القضيب بقوى فإنك تزيد من خوفها وتتسبب في المزيد من الألم. خذها قاعدة عامة: كلما

96

أحسست بالمقاومة من قبل الشريكة، لا بد لك أن تتوقف وتنسحب. أعطها فرصة لتسترخي ومن ثم حاول مرة أخرى.

كن صبوراً ولطيفاً، وإن لم تفلح في العملية استبدل الممارسة بأمور اخرى مثل الجنس الفموي أو الاستمناء المتبادل واترك عملية الإيلاج لمرة أخرى.

لا حياء في الحب

لا تخجل من ردود فعل شريكتك خلال الممارسة. من المهم جداً أن تتواصلا معًا وتطمئنا على بعضكما البعض خلال المعاشرة. لا نريد منكما هنا فتح نقاشات وملفات طويلة، فقط اهمسا لبعض بما تشعران به، ببضع كلمات قصيرة مثل: "**أبطأ.. هذا حلو ... هذا مش حلو .. أنت مبسوطة؟ أنت مستريحة؟**"... وهكذا. إن لم تستجب لمسات وطلبات شريكك أو شريكتك في الفراش قد يفقد ثقته بك أو يضيع اللحظة الحلوة ولذة اللقاء.

لا تخف

حتى لو كنت على يقين بأن قضيبك طويل بالنسبة لمهبل شريكتك،
تذكر بأن المهبل عضلة مرنة يمكنها أن تتمدد وتتغير. لا تنس أن الجنين يمر
في نفس القناة. وما دمت تتبع النصائح التي قدمناها أعلاه وتحاول بصبر
وعناية لا بد أن تصلا معاً إلى ممارسة ممتعة بدون ألم وتوتر.

التخيّلات الجنسيّة وأهمّيتها النفسية مع الشريك[19]

الدكتور أنطوان الشرتوني

تتّسِم الحياة الجنسيّة عند الإنسان بالخَلق والتنويع. فالإنسان يكون قادراً على تغيير الوضعيات الجنسية من خلال تخيّلاته الغريزية — الجنسية. وهذه الأخيرة تؤدّي دوراً بارزاً في العلاقة الحميمة بين الزوجين أو الحبيبين.

---

[19] جريدة الجمهورية اللبنانية — **17** أغسطس **2015** — الرابط:

http://www.aljoumhouria.com/news/index/2534

10

والتخيّلات الجنسية عند المتزوّجين لا تُعتبَر خيانة، وليست حالة مرضية، بل هدفُها إشباع الرغبات الجنسية. كما أنّ هذه التخيّلات قد تكشف أمورًا أخرى جديدة يوَدّ الفرد تجربتَها مع الشريك. فما هي التخيّلات الجنسية؟ وهل هي طبيعية بمحملها؟ وهل هناك فرقٌ في التخيّلات الجنسية بين المرأة والرَجل؟ وما فائدتُها في حياة الإنسان؟

ما هي التخيّلات الجنسية؟

"التخيّلات الجنسية هي عبارة عن مجموعة من الرغبات التي تأتي من اللاوعي، على شكل صوَر تربط بين شخصين أو مجموعة، وقد تعبّر عن حالات أو وضعيات جنسية معيّنة". كما هي هوامات وهمية يتخيّلها الإنسان، تَحَرّك غريزته الجنسية وتثيره، ويمكنه السيطرة عليها.

وتختلف التخيّلات الجنسية من شخص إلى آخر باختلاف التكوين الداخلي للشخصية. وغالبًا ما تلجأ المرأة إلى تخيّلات لا تخلو أبدًا من الرومانسية ومن وجود الشخص الذي تتمركز عليه الرغبة الجنسية فيها.

وعادةً ما تكون هذه التخيّلات "**الرومانسية**" أقوى بكثير من التخيلات الجنسية، ولا تتركّز هذه الأخيرة على تصوّرات حول منطقة الأعضاء الجنسية للرجل أو عملية الجماع، بل على طريقة التعاطي معه وعلى العاطفة والحب. في حين أكّدَت دراسات علمية أنّ الوضع يختلف عند الرجل الذي يتخيّل وضعيات جنسية مختلفة وفي مختلف الأماكن والأوقات أكثر بكثير من المرأة.

علم النفس والتخيّلات الجنسية

التخيّلات موجودة بالفطرة لدى الإنسان، وهي موجودة منذ بداية الحياة البشرية لدى كلّ الطبقات الاجتماعية وجميع الناس بدون استثناء. وطبعاً، لهذه التخيّلات علاقة مباشرة بين الشخص وعلاقته مع والديه في طفولته.

وتفسّر التخيلات على أنّها نوع من أنواع الإغواء البدائي خلال فترة "**عقدة أوديب**"، حيث يحاول الطفل "**إغواءَ والدته**" والفتاة تحاول

"إغواءَ والدها" فترتدي حذاءَ والدتها وتتبرّج مثلها .... وطبعاً هذا طبيعي جدّاً في تكوين الشخصية الجنسية للطفل وتكوين التقسيمات النفسية لديه.

<u>ما أهمّية التخيّلات الجنسية في الحياة الجنسية عامّةً؟</u>

تتغذّى التخيّلات الجنسية ممّا يراه الشخص ويَختبره في حياته العادية. ويقوم بعض الأشخاص في تنميتها، فيما يحاول البعض الآخر إخفاءَها ودفنَها، حتى لا تبرز في مجال الوعي. ويَعني ذلك، أن لا ينتقل من حالة "الحلم" إلى "**تحقيق هذه الهوامات**". غير أنّ التخيلات الجنسية تغَذّي الحياة الجنسية العادية، وبالتالي يجب محاولة عدم إخفائها والتنكّر لها.

يُذكر أنّ للتخيلات الجنسية أهمّية كبيرة في الحياة الجنسية عند المرأة والرجل بالرغم من اختلافها بين الجنسين:

- **أوّلاً:** تُعتبَر التخيّلات الجنسية علاجاً للرتابة والروتين الذي يمكن أن يعايشَه الشخص مع شريكه.

- ثانياً: على الصعيدِ النفسي، تساعد التخيّلات الجنسية في التعويض عن الكبتِ الجنسي الذي يعيشه الفرد في مجتمعه، فتسمح له تخيّلاته بإشباع الرغبات الجنسية المكبوتة.

- ثالثاً: يمكن للتخيّلات الجنسية أن تنتقل من الأفكار الجنسية التي تتردّد في رأس الإنسان إلى وسائل تعبيرية فنّية توازيها. ويعني ذلك أنّه يمكن لشخص ما أن ينقلَ تخيّلاته الجنسية إلى صناعة تحفةٍ فنّية توازي تخيّلاته.

- رابعاً: إنّها تضاعفُ المتعة الجنسية في الحياة الرومانسية عند الرجل والمرأة. وتستسلِم المرأة للتخيلات الجنسية فقط لهدفين، إمّا لإشباع حاجتها من الحب أو للإغواء. أمّا الرجل، فتخيّلاته الجنسية تقوده لإثبات رجولته وجَدارته في ممارسة الجنس والتنَوّع في الوضعيات.

ما هي التخيّلات الجنسية التي يمكن أن تمارسَها المرأة مع الشريك في العملية الجنسية؟

يظنّ البعض أنّ الاكتفاء الجنسي والنضج يلغيان التخيّلات الجنسية، لكنّ هذا الأمر غير صحيح أبداً، لأنّ التخيّلات الجنسية ترافق الإنسان من المهد إلى اللحد.

وهناك الكثير من التخيّلات الجنسية التي لا يمكن حصرُها. ولكن مِن أهمّها والتي تساعد في تقوية العلاقة الجنسية، نَذكر:

1- لعبُ الأدوار، أي تمثيل شخصيات أخرى خلال العملية الجنسية، أو أن يتظاهرَ الشريكان بأنّهما غريبان عن بعضهما ويلتقيان للمرّة الأولى...

2- تعشق المرأة "الاستعراضية" خلالَ العملية الجنسية، لأنّها تظهِر لها "الأنا" التي تقدِّم للرجل حاجاته الجنسية. وعندما نستعمل كلمة "ستعراضية"، فإنّنا نعني بذلك، حبّ المشاهدة خلال العملية الجنسية (وضع مرآة في غرفة النوم) أو تقديم رقصة للشريك بطريقة مثيرة أو إثارة الزوج جنسياً من خلال الكلمات أو الأفعال.

3- أكّدت دراسات أميركية أنّ العلاقات التي تقوم على مبدأ السيطرة السادية "المقبولة" من الرجل على امرأته كتكبيل اليدين أو إغماض العينين، تضيف رونقاً في العمليات الجنسية بين الزوجين.

ما هو الفرق بين التخيّلات الجنسية عند المرأة وعند الرجل؟

إن الخيالات الجنسية عند الرجل تتمحوَر عادةً حول مواضيع السيطرة والضغط والقوّة الجنسية والإخضاع وطبعاً الإستحواذ. من خلال التحليل النفسي، يمكن تفسير هذه التخيلات الجنسية بالعودة إلى مرحلة الطفولة والسلطة التي كان يمارسها الوالدان على الطفل. أمّا عند المرأة فنجد أنّ الحبّ والعاطفة يأتيان أوّلاً، ثمّ تظهَر الهوامات الجنسية. ولكن هذا لا يعني بأنّه لا يدور في عقل الرجل مبدأ الحبّ.

كما يمكننا أن نضيفَ بأنّ التخيّلات الجنسية عند الرجل هي أكثر وضوحاً ومفصّلة أكثر، بينما تكون عند معظم النساء عبارة عن أفكار سريعة وغير واضحة.

105

الرغبة الجنسية لدى النساء أكبر وأشمل من رغبة
الرجال .... متنوّعة وأكثر لباقة(20)
... فالمرأة تقول بعد والرجل كفى!

[20] جريدة النهار اللبنانية — مقال — رلى معوّض — 14 فبراير 2014 — الرابط:

https://newspaper.annahar.com/article/108178-
%D8%A7%D9%84%D8%B1%D8%BA%D8%A8%D8%A9-
%D8%A7%D9%84%D8%AC%D9%86%D8%B3%D9%8A%D8%A9-
%D9%84%D8%AF%D9%89-
%D8%A7%D9%84%D9%86%D8%B3%D8%A7%D8%A1-
%D8%A3%D9%83%D8%A8%D8%B1-
%D9%88%D8%A3%D8%B4%D9%85%D9%84-%D9%85%D9%86-
%D9%86-%D8%B1%D8%BA%D8%A8%D8%A9-
%D8%A7%D9%84%D8%B1%D8%AC%D8%A7%D9%84-
%D9%85%D8%AA%D9%86%D9%88%D8%B9%D8%A9-
%D9%88%D8%A3%D9%83%D8%AB%D8%B1-
%D9%84%D8%A8%D8%A7%D9%82%D8%A9-
%D9%81%D8%A7%D9%84%D9%85%D8%B1%D8%A3%D8%A9

ما هي الرغبة الجنسية عند المرأة؟ هل هي نداء غرائزي لإدامة النسل أو للذة البحتة؟ ما الذي يميزها عن الرجل، وكيف تتفاعل الهورمونات في الجسد لتقود الرغبة إلى فعل اللذة؟ الرغبة الجنسية من الناحية البيولوجية التطورية ترتبط ارتباطاً وثيقا بقدرتنا على التلاقي والتزاوج، وبالتالي الرغبة قد تكون متشابهة بين الأنثى والذكر، ولكن يبدو من الدراسات أنها أكثر قوة وتنوعاً عند الأنثى منه عند الرجل، كما أوضح لــ "**النهار**" الاختصاصي في الطب النسائي والصحة الجنسية الدكتور فيصل القاق. فالرجل وإن كان مدفوعاً بنشر السائل المنوي بدافع الإنجاب، إنما الأنثى مدفوعة أكثر لأسباب إضافية وأساسية، منها التنوع البيولوجي المرتبط بنوعية تزاوج مميزة والدافع الآخر هو الرشاقة الإنجابية التي تسعى اليها المرأة ضمن فترة محددة نتيجة قصر المدة الإنجابية في عمر المرأة ومحدوديتها ضمن الدورة الشهرية.

أما السبب الرئيسي لانتشار مقولة أن الرغبة الجنسية عند الرجل أكثر هي من اختراع المجتمع الذكوري، لأن هناك أولاً كلفة بيولوجية

وتطورية باهظة كي يرعى الرجل مواليد من غير جيناته، وثانياً، أن يحد من قدرته التنافسية في التزاوج. مثلاً بعد العلاقة الجنسية يلجأ الرجل إلى النوم أو الاستكانة نتيجة تغيرات هورمونية في الدماغ بعد النشوة، بينما تبقى الشريكة راغبة وجاهزة لدورات اخرى واستكمال العمل الجنسي. ولذلك ارتأى المجتمع ان يحد من رغبة المرأة الجنسية بطريقتين، إلزامها بالإنجاب، ووضع وصمة مجتمعية على هذا السلوك الأنثوي في حال وجوده. ولا نسعى إلى القول إن رغبات المرأة جامحة وغير ذلك، إنما نريد ان نوضح ما هو الشائع وهو أن ليس لديها رغبة إما محدودة مقارنتها بالرجل. ويبقى أن نؤكد على اهتمام الاثنين بموضوع أحادية العلاقات للإنجاب والقدرة للتمتع بها على جميع الأصعدة، طالما حرص الشريكان على ذلك يومياً وليس في الفالنتان.

أما الاختصاصي في الغدد الصم والهورمون الدكتور شارل صعب فأوضح أن الرغبة الجنسية هي النداء الغرائزي لإدامة النسل البشري وهي أيضاً نداء للذة البحتة. وقال انه في العالم الحيواني تتبع الرغبة الدورة الهورمونية، مثلاً عند الهررة كل ٦ اشهر. أما عند الانسان فمع التطور الذي حصل على مراحل حياته منذ آلاف السنين الى اليوم، لعبت عوامل عديدة،

منها البيئية، والثقافية والدينية، دوراً حيوياً في تطور الرغبة، فأصبحت شبه دائمة طالما كان الانسان فاعلاً على الصعيدين الجسدي والنفسي. إلا أن هناك عوامل خارجية تكتم هذه الرغبة وتحدها، منها التقاليد والعادات وبعض الثقافات كالحاجة فقط إلى التناسل كما هو حاصل عند اتباع بعض الديانات.

أما العوامل الداخلية فهي عوامل هورمونية في مفهومها الواسع، من الهورمونات التي يفرزها الدماغ مثل الـ "اوسيتوسين" والـ "اندورفين"، وهما المسؤولان عن اللذة والشعور بالراحة، مروراً بالهورمونات التي تفرز في بعض الحالات الحرجة عند المرأة كما عند الرجل كالـ "أدرينالين"، حيث تتسارع دقات القلب، ويتعرق الانسان، ويفتح بؤبؤ العين، وتزيد افرازات الـ "استروجين" إلى إفرازات أخرى عديدة، وبالتالي الإفرازات المهبلية عند المرأة، والإفرازات الهورمونية الذكورية كالـ "تيستوستيرون" وهورمونات أخرى لدى الرجل تزيد من ضخ الدم في العضو الجنسي الذكري فينتصب، وبالطبع هذه العملية الهورمونية تترافق مع عوامل أخرى، مثل الإعجاب والزمان والمكان. ويشار إلى أن هذه العملية هي الحالة الطبيعة المعروفة، إلا أنها قد تتأثر بحوادث خارجية أو عوامل نفسية أو مرضية.

109

التحليل النفسي، كما تحدث عنه المحلل النفسي الفرنسي جاك لاكان يقول إنّ رغبة المرأة تعبر عن نفسها بطلب المزيد، بينما يكتفي الرجل بسرعة. ويقول المحلل النفسي الدكتور شوقي عازوري إن الرغبة عند المرأة تقودها إلى العلى إذ لا حدود لها ولا ضوابط، وهناك لدى المرأة رغبة الامتلاء بالعضو الذكري، ليس لفراغ أناتومي، بل نوع من إعجاب يؤدي بها إلى طلب المزيد. وللأسف لا تصل غالبية النساء الى قمة اللذة لخوف عندها وعند شريكها الجنسي يدفعهما الى اللجوء للنشوة السريعة.

www.ingramcontent.com/pod-product-compliance
Lightning Source LLC
Chambersburg PA
CBHW070135260726
48658CB00001B/420